6 00 159535 2
KU-301-944

GÖPPINGER ARBEITEN ZUR GERMANISTIK

herausgegeben von

Ulrich Müller, Franz Hundsnurscher und Cornelius Sommer

Nr. 74

PRESSION UND DEFORMATION

Zehn Thesen zum Roman

HUNDEJAHRE

von Günter Graß

von

Albrecht Goetze

VERLAG ALFRED KÜMMERLE

Göppingen 1972

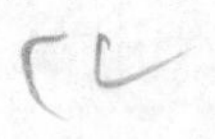

Münchner Dissertation

Verlag Alfred Kümmerle, Göppingen 1972
Druck Polyfoto - Dr. Vogt KG, Stuttgart
ISBN 3-87452-155-9
Printed in Germany

INHALTSÜBERSICHT

Vorbemerkung

Die für das Fach, in dessen Bereich diese Untersuchung gehört, ungewöhnliche äußere Form ist an einer auf den Gebieten der Logik und der Naturwissenschaften längst üblichen Praxis orientiert. Was anfänglich das Lesen erschwert, die numerische Gliederung von Sätzen als Sinngruppen, erweist sich als Lesehilfe im Hinblick auf die entwickelten und vermittelten Ergebnisse und den Nachvollzug des Denkprozesses innerhalb der Untersuchung. Der innere Zusammenhang und die gedanklichen Operationen der Arbeit werden in ihrer Zuordnung, Abhängigkeit und Wertigkeit durch die numerische Gliederung genauer und überschaubarer markiert, als das mit Füllsätzen oder Überleitungen möglich wäre. Die so gewonnene Transparenz des Gedachten erleichtert auch seine Überprüfung.

Diese Untersuchung hat der Philosophischen Fakultät II der Universität München in veränderter Fassung als Dissertation vorgelegen.

Gewidmet ist diese Arbeit Iain MacLeod.

o.o1 Bisher ist ein Interesse der deutschsprachigen Forschung am Gegenstand der vorliegenden Untersuchung nicht zu verzeichnen.

o.o11 Das dürfte weniger auf Bedeutung und literarische Qualität des Romans HUNDEJAHRE zurückzuführen sein, als vielmehr auf die ungeschriebenen (oder auch geschriebenen) Gesetze eines Faches, Literatur wissenschaftlicher Erörterung erst dann für würdig zu befinden, wenn man sich in zeitlicher oder auch kritischer (was diesem Wissenschaftsverständnis ein und dasselbe gilt) Distanz zu ihr halten kann.

o.o111 Ausnahmen widerlegen nicht die Regel.

o.o12 Distanz, kritische zudem, mit physikalischen Maßeinheiten zu messen, hieße behaupten, eine Distanz von ein- oder zweihundert Jahren bürge, vom Standpunkt der betroffenen Wissenschaft aus gesehen, für kritischere Ergebnisse als die Distanz eines Jahrzehnts.

o.o13 Sollte Distanz als wissenschaftliches Kriterium akzeptiert werden, wäre sie wohl eher vom begrifflichen Instrumentarium her und unter methodologischen Aspekten zu definieren und zu erreichen.

o.o14 Andernfalls würde Literaturwissenschaft zum Leichenschauhaus der Literatur.

o.o15 Und eine Forschung, der es nicht darum ginge, Vorgänge ihres Gebietes, seien es auch gegenwärtige, zu begreifen, in sie einzugreifen, wäre eine 'contradictio in adjecto'.

o.o2 Da aber fraglos auch in einem literarischen Werk das "akkumulierte Wissen der Gesellschaft" (1) existiert, ist nicht einzusehen, warum die Wissenschaft von der Literatur nicht gerade ein Werk befragen sollte, in dem die Akkumulation ihren vorläufigen Endpunkt erreicht hat, also ein zeitgenössisches.

o.o21 Sonst verlöre diese Wissenschaft ihre interdisziplinäre Relevanz, wäre nicht nur rückständig, sondern rückschrittlich, was nichts anderes meint, als daß sie sich binnen kurzem überflüssig machte.

o.o22 Das heißt nicht, einer politischen Richtung, einer Methode, einer 'Schule' oder Interpretationsrichtung das Wort reden.

o.o23 Wie sich Marx darüber im klaren war, daß der Versuch, die bestehende Gesellschaft "ohne Hilfe des Hegelschen Erbes zu erkennen, unter dem Niveau von Hegel bleiben"(2) mußte, ebenso sollte sich die Wissenschaft von der Literatur bewußt sein, daß sie mit dem Verharren außerhalb der erkenntnistheoretischen Entwicklung (die Marx einschließt) und gesamtgesellschaftlicher Vorgänge unter ihrem derzeit erreichbaren Niveau operiert.

o.o3 Das wiederum heißt nicht, daß eine Arbeit, die ein zeitgenössisches Werk untersucht, die herkömmliche Methodik vernachlässigen darf. Indem ich das 'idealistische', textimmanente, hermeneutische oder wie auch immer genannte Instrumentarium außer Acht lasse, erweise ich nicht seine Unbrauchbarkeit oder relative, das sagt überholte, Brauchbarkeit.

o.1 Die vorliegende Untersuchung ist also sehr wohl mit dem Bewußtsein und unter Benützung herkömmlicher literaturwissenschaftlicher Methodik erarbeitet, konnte sich damit jedoch nicht bescheiden, um nicht ihr Ziel zu verfehlen: die Darstellung der historisch-gesellschaftlichen Substanz und Relevanz ihres Gegenstandes.

o.11 Damit ist diese Untersuchung sich ihrer Vorläufigkeit bewußt, versteht sich als anfängliches Moment einer Forschung zu ihrem Gegenstand.

o.12 Dem so bedingten Durchgangsstadium gemäß gibt sie sich nicht in Form und Manier endgültiger Ergebnisse, will ihre Denkschritte aufgefaßt wissen als THESEN, die ihre Aufhebung implizieren und - herausfordern.

o.13 Vorläufigkeit und Bedingtheit ergeben sich auch daraus, daß vom untersuchten Text keine kritische Ausgabe vorliegt, wiewohl das wünschenswert wäre, besonders um den Stellenwert des Autorenkollektivs noch genauer zu klären (3). Ebensowenig sind Briefwechsel des Autors zum Text veröffentlicht.

o.131 Die fehlende Kenntnis der Werkgeschichte kann eine Untersuchung wie die vorliegende behindern; sie könnte auch Vorwand, nicht aber Grund sein, sie zu verhindern, weil durch die vom Autor vorgenommene Veröffentlichung des Romans eine autorisierte Fassung vorliegt.

o.1311 Kafka wurde über Jahre von Wissenschaftlern unseres Faches eifrig und eilfertig interpretiert, ohne daß eine autorisierte Fassung, geschweige denn eine kritische Ausgabe des überwiegenden Teils seines Werkes vorgelegen hätte.

o.2 Zu erläutern, zu verteidigen ist, warum sich die THESEN mit dem letzten der drei thematisch und temporär zusammenhängenden Bücher BLECHTROMMEL, KATZ UND MAUS und HUNDEJAHRE auseinandersetzen.

o.21 Der Studienrat Starusch, ehemaliges Mitglied der Stäuberbande, über die der Roman BLECHTROMMEL berichtete, äußert sich zur Frage nach Fortschritt in der Geschichte seinem Zahnarzt gegenüber: "Bei Ihnen mag es voran gehen, aber die Geschichte - so absolut folgerichtig sie ihre Waffensysteme weiterentwickelt hat - kann uns keine Lehre vermitteln. Absurd wie Totozahlen. Beschleunigter Stillstand. Überall unbeglichene Rechnungen, frisierte Niederlagen und kindische Versuche, verlorene Schlachten im Nachherein zu gewinnen."(4)

o.211 In den Geschichten, die der Autor Graß erzählt, geht es um jüngere und jüngste deutsche Geschichte.

o.212 Allerdings wehren diese Geschichten jeden Versuch ab, mithilfe einer vorgefertigten Geschichtsphilosophie politisches Geschehen als sinnvollen, zielgerichteten Prozeß zu deuten.

o.213 Der Satz vom 'beschleunigten Stillstand' bestätigt sich in allen Romanen des Autors Graß.

o.214 Ausdruck dafür ist in der BLECHTROMMEL die allegorische Kunstfigur des Oskar Matzerath, "deren geistige Entwicklung schon bei der Geburt abgeschlossen ist und sich fortan nur noch bestätigen muß."(5) Oskar bleibt der "Dreijährige, aber auch Dreimalkluge, den die Erwachsenen alle überragten, der den Erwachsenen so überlegen sein sollte, der seinen Schatten nicht mit ihrem Schatten messen wollte, der innerlich und äußerlich vollkommen fertig war, während jene noch bis ins Greisenalter von Entwicklung faseln mußten"(6).

o.2141 Die Koppelung von infantiler, damit beschränkter Perspektive, und vollentwickeltem Intellekt ermöglicht es dem Autor Graß, mit der Figur Oskar die Grenzen der Beobachtbarkeit zu erweitern.

o.2142 Das meint: innerhalb des Erfahrungs- und Erwartungshorizontes der scheinbar hinreichend bekannten Erwachsenenwelt, der Oskar aufgrund seines Intellekts noetisch und verbal gewachsen ist, eröffnet sein konsequent infantiler Beobachterstandpunkt eine neue Dimension.

o.2143 Dieses 'System Lilliput' unterläuft die Abwehrmechanismen der Erwachsenen, der Gesellschaft. Oskar sieht, was unter dem Tisch geschieht, während auf dem Tisch Mama, Jan Bronski und Vater Matzerath Karten spielen.

o.2144 Von unten her stört Oskar die "Symmetrie"(7) der faschistischen Welt der Großen, die ihm immer "verdächtiger wurde"(7). Unter der Tribüne hockend, auf der Führer, Volk und Vaterland im Marschtakt bejubelt werden, trommelt der Zwerg den Gegentakt und bringt die Massen aus dem Rhythmus.

o.21441 "Ohne die Finten und Täuschungsmanöver aufzählen zu wollen, sei hier kurz festgestellt: sie fanden Oskar nicht, weil sie Oskar nicht gewachsen waren."(8)

o.2145 Der den Erwachsenen nicht greifbare Gnom begreift und entlarvt deren Konventionen als korrupt, deren Aktionen als gefährlich, weil er sie von da aus beobachtet und angreift, von wo sie Beobachtung und Angriff nicht erwarten.

o.21451 Aus seiner Sicht ist das Große nicht groß, sondern monströs: also gleichermaßen beängstigend wie lächerlich.

o.215 Manfred Durzak ist zuzustimmen, wenn er Oskar Matzerath eine "Kunstfigur"(9) nennt.

o.2151 Ebendarum darf Oskar nicht als psychologisch motivierte und deutbare Person betrachtet werden: hier versagen alle Hinweise auf pikareske Tradition und den Schelmenroman.

o.22 Dem Autor Graß geht es mit Oskar nicht um die Entwicklung, den Aufbau einer Person - darum wird jede Entwicklung des "Helden"(1o) abgelehnt: ein Beobachterstandpunkt, eine Erkenntnisperspektive kann sich nicht im Sinne einer Persönlichkeit entwickeln - vielmehr geht es ihm um eine Position, von der aus einer Wirklichkeit, einer Gesellschaft beizukommen ist, deren verfestigter, zum Faschismus tendierender

Zustand sich gegen jede Kritik und damit gegen jede Veränderung sträubt.

o.221 Diese Position setzt der Autor Graß als erkenntnistheoretisches Instrument an - einer versteckten Kamera ähnlich, mit der überraschende und demaskierende Beobachtungen gelingen.

o.222 Einen entscheidenden formalen und erkenntnistheoretischen Nachteil freilich hat dieses 'System Lilliput': das Objektiv, fahrbar zwar, beweglich zwischen Danzig und Atlantikwall, kann sich nicht auf sich selbst einstellen.

o.223 Oskar ironisiert zwar sich selbst, er kann auch sich selbst satirischer Behandlung unterziehen; aber all das geschieht dennoch aus seiner Perspektive, mit seinen formalen und verbalen Mitteln: aus einer, wenn auch präzis sezierenden und entlarvenden, so doch in sich beharrenden Bewußtseinslage.

o.224 Der überwältigende Verkaufserfolg(11) des Romans zeigt, daß man sich in dieser Perspektive einrichten kann; Desillusionierung und Demaskierung können schließlich auch das ästhetische Verlangen klassischer Prägung befriedigen: aber damit ist ein wesentliches Ziel der graßschen Erzählintention verfehlt. Das Leserbewußtsein wird beschwichtigt und 'stillgelegt', statt verunsichert und zu Prüfung und Korrektur der Erzählperspektive und -position gezwungen.

o.23 Die dem Roman BLECHTROMMEL von der Kritik zugestandene Geschlossenheit(12) verhindert also die entscheidende Veränderung des Denkens; zwar wird eine scheinbar vertraute Welt bloßgestellt, gleichzeitig aber wird dem Leser suggeriert, es gebe e i n e n Standpunkt, von dem aus Welt sich durchschauen lasse: den der künstlerischen Distanz.

o.231 Damit wäre der Autor Graß jedoch keinen Schritt über gewohntes Denken hinausgekommen.

o.232 Schon Oskar reflektiert über Erfolg und Arbeit: "Mich beeindruckten die Bewunderer meiner Kunst nicht besonders. Allenfalls veranlaßten sie Oskar, noch strenger, noch formaler zu arbeiten."(13)

o.2321 Da der Autor Graß ein ähnlich selbstkritisches Verhalten zu Erfolg und Arbeit hat, wird verständlich, warum der BLECHTROMMEL zwei weitere Bücher über den gleichen geschichtlichen und geographischen Raum folgen, wie ihn schon Oskar Matzerath beschrieb.

o.233 KATZ UND MAUS, vom Autor "Eine Novelle" genannt, erzählt aus der 'normalen' Perspektive des Kolpinghausbewohners Pilenz - Oskar Matzerath hatte sein Domizil im Irrenhaus - die Geschichte Mahlkes.

o.234 Wieder entlarvt der Autor Graß, was Gedenktafeln und Geschichtsbücher unter Heldentum verzeichnen, als Leistungsneurose eines Isolierten, dessen Adamsapfel und Geschlechtsteil vom Normalmaß abweichen.

o.235 Sein Handeln resultiert aus einem Kompensationsmechanismus, der die physisch bedingte Isolation aufzuheben trachtet durch forcierte Integrationsversuche.

o.2351 Doch auch als er den Adamsapfel hinter dem Eisernen Kreuz verbergen kann, bleibt Mahlke Außenseiter.

o.2352 Als er aus dem Teufelskreis von gesellschaftlicher Pression und privater Kompensation desertieren will, versagt ihm Pilenz kleinmütig seine Hilfe.

o.2353 Dem von der ihn umgebenden 'normalen' faschistischen Leistungsgesellschaft als 'anomal' abgeschobenen Mahlke bleibt konsequent nur der Selbstmord.

o.2354 Pilenz' Gefühl der Mitschuld(14) an diesem Tod ist das Erzählmovens: "Aber ich schreibe, denn das muß weg."(15)

o.2355 Als streng formalen Erzähler bestimmt sich auch Pilenz: "Zwar ist es angenehm, Artistik auf weißem Papier zu betreiben - aber was helfen mir weiße Wolken, Lüftchen, exakt einlaufende Schnellboote und ein als griechischer Chor funktionierender Möwenpulk; was nützt alle Zauberei mit der Grammatik; und schriebe ich alles klein und ohne Interpunktion, ich müßte dennoch sagen:..."(15).

o.24 Wie schon zu Beginn der BLECHTROMMEL gibt sich der Autor Graß hier wiederum bewußt als formal scheinbar konservativer Erzähler aus.

o.241 Um die Revision und Neuerung von Bewußtseinsvorgängen und Bewußtseinsbewegung geht es ihm; er selbst sagt: "ich habe mit der BLECHTROMMEL angefangen zu entdämonisieren, das heißt: ich habe den Versuch unternommen, dem Irrationalismus das Wasser abzugraben."(17)

o.2411 Irrationalismus heißt auch, die Position des Künstlers nicht zu revidieren.

o.2412 Irrationalismus heißt, Geschichten und Geschichte aus e i n e r Perspektive zu berichten, die - ob 'verzerrt', wie in der BLECHTROMMEL, oder 'normal', wie in KATZ UND MAUS - Verbindlichkeit suggeriert.

o.2413 Irrationalismus heißt, Geschichten und Geschichte so zu erzählen, als gebe es "Geschichten, die aufhören können"(18).

o.2414 KATZ UND MAUS kann nicht das letzte Buch sein zum Thema Mensch und Gesellschaft und deren spezifischer Situation in Faschismus, Krieg, Pression und Deformation.

o.242 Obwohl der Autor Graß mit der Kunstfigur Oskar schon zeigt, daß die Pressionen in der Gesellschaft so stark sind, daß sie sich nur aus der Perspektive des Deformierten darstellen lassen, nur der Deformierte sie unterlaufen kann;

o.2421 obwohl von dieser Position aus Faschismus einschrumpft zu Kleinbürgermief und Wohnküchenmilieu,

o.2422 bleibt die Gnom-Perspektive erkenntnistheoretisch und bewußtseinsmäßig eindimensional, weil sie zwar Geschichtsschreibung, nicht aber sich selbst revidieren, also als bedingt und beschränkt aufheben kann.

o.2423 Zwar erläutert KATZ UND MAUS am Beispiel Mahlke den gefährlichen Mechanismus von Pression und Kompensation, der zu einer Deformation des Menschen führen kann, die von der Gesellschaft vorsorglich und euphemistisch mit dem Titel 'Held' und dem Eisernen Kreuz versehen wird;

o.2424 zwar gelingt dem Autor Graß eine Bloßstellung bürgerlicher Literaturerwartung und bürgerlichen Literaturverständnisses durch eine Parodie der Novellenform, die - wie Durzak richtig darlegt - den ideologiekritischen Aspekt hat: "eben nicht literarisches Tableau (zu sein), das die Gestalt des großen einzelnen ästhetisch untermalt, sondern gerade Demontage des klischeehaften Heldenbildes durch Nachweis der trivialen Motivationen, die an seiner Entstehung beteiligt sind. Graß, der also gewisse Formalien der Novellengattung, wie etwa die Verwendung des Dingsymbols, zu verwenden scheint, kehrt ihre Funktion ins Gegenteil um, indem gerade nicht ein Heldenbild aufgebaut, sondern abgebaut wird"(19);

o.2425 zwar wird in dieser 'Novelle' eine "Stilabsicht artikuliert, die extrem ideologiefeindlich ist, die Präzision und Exaktheit in der Wahrheitsermittlung über alles andere stellt"(2o),

o.2426 aber noch kann das Erzählte verbindlich erscheinen, weil es durch den einen Erzähler Pilenz vermittelt wird.

o.24261 Pilenz löst die gängigen Vorstellungen vom Helden auf, erweist sie als Vorurteile, die dem Irrationalismus zuzuschreiben sind.

o.24262 Noch jedoch steht die Revision der Position des Erzählers aus.

o.25 Erst im dritten Anlauf erreicht der Autor Graß das, was er dem Romanschreiber Döblin nachrühmt als 'epischen Aufriß'(21): nicht nur Entdämonisierung, damit Erhellung der Vergangenheit, nicht nur Revision der Geschichte durch Geschichten, sondern auch Revision der Position des Erzählers im Erzählten.

o.251 Nimmt man den Titel der Rede ÜBER MEINEN LEHRER DÖBLIN beim Wort, so darf man annehmen, daß in der Würdigung des Lehrers sich der Schüler mitdarstellt.

o.2511 Dort heißt es: "Schiller war bemüht,uns den Dreißigjährigen Krieg überschaubar gegliedert darzustellen. Da ergibt sich eines aus dem anderen. Seine ordnende Hand knüpft Bezüge, will Sinn geben. Das alles zerschlägt Döblin mehrmals und bewußt zu Scherben, damit Wirklichkeit entsteht."(22)

o.252 Ein Roman, der sich als 'epischer Aufriß' versteht, will folglich nicht mehr 'Sinn geben'.

o.2521 Im Roman HUNDEJAHRE findet der Autor Graß das seiner erkenntnistheoretischen Intention angemessene erzähltechnische Mittel: die Auflösung der e i n e n Erzählperspektive in ein Autorenkollektiv.

o.2522 Geschichten, die ineinander übergreifen, sich gleichen, sich fortsetzen, läßt er von verschiedenen Positionen und Bewußtseinslagen aus rekapitulieren, sich damit ergänzen und korrigieren.

o.2523 Da keines, auch nicht des Künstlers Bewußtsein, frei ist von gesellschaftlichen Einflüssen, nicht frei ist von Pression und Deformation, kann der Leser das Erzählte nur mit Vorbehalt rezipieren, wird gezwungen, seine eigene Bewußtseinsarbeit der des Romans als konstituierendes Element einzufügen.

o.253 Der Autor Graß gliedert nicht mehr Geschichte, löst sie vielmehr auf in eine Dreierperspektive, greift selbst noch revidierend in den Roman ein.

o.2531 Die in den Büchern BLECHTROMMEL und KATZ UND MAUS erzählte Zeit zerschlägt er nochmals 'und bewußt zu Scherben, damit Wirklichkeit entsteht'.

o.25311 Wirklichkeit, wird damit deutlich, ist nicht zu erfassen aus einer Perspektive, ohne Revision und Korrektur.

o.25312 Wirklichkeit kennt nicht den Bauriß korrekter Kausalität, den ihr im Nachhinein oft genug professionelle Geschichtsschreiber einzeichnen wollen.

o.25313 Wirklichkeit, zeigt der Autor Graß, ist: "Absurd wie Totozahlen. Beschleunigter Stillstand."(4)

o.254 Der Roman HUNDEJAHRE ist der notwendige formale Schritt des Autors Graß in der Behandlung und Entlarvung eines bestimmten Zeitabschnittes.

o.2541 Folgerichtig wendet er sich erst nach diesem Schritt in dem Roman ÖRTLICH BETÄUBT einem neuen Zeitabschnitt zu.

o.255 Da der Autor Graß gegen "Artistik auf weißem Papier"(15) polemisiert, muß die Form der HUNDEJAHRE als notwendige Konsequenz und erkenntnistheoretisches Pendant des Themas gesehen werden; das versuchen die THESEN auch zu erweisen an ebendiesem Roman.

o.3 Was zum Roman HUNDEJAHRE an Kritik, Untersuchung oder kritischer Untersuchung vorliegt, sei knapp und exemplarisch angezeigt, nicht um seinem Einfluß auf diese Arbeit Rechnung zu tragen, um jedoch die Verfassung zu bezeichnen, in der sich die Kritik zeitgenössischer Literatur befinden kann.

o.31 Da der Autor Graß, wie Walter Jens das sieht, ein "Moritatenerzähler von Rang"(23) ist, kann man vor seiner 'Stoffülle' kapitulieren und sich vornehmlich im Nacherzählen erschöpfen.

o.311 In dieser Art arbeiten Ilpo Piirainen (24) und Wilhelm Johannes Schwarz (25).

o.312 Schwarz erläutert darum die Romane des Autors Graß als "Konglomerate von wild wuchernden Einfällen und originellen, spannenden Episoden" (26). Seinem Buch ist ein umfassendes unkritisches Verzeichnis der Artikel und Schriften zu Graß beigegeben.

o.313 Zur Überwindung derartiger Rezeptions-Schwierigkeiten schlägt Walter Jens eine Limitierung des Romanumfanges vor: "die HUNDEJAHRE wären, mit dreihundert Seiten, immer noch besser als jetzt"(27); womit wiederum physikalische Maßeinheiten zu Werk- und Wertkriterien befördert werden.

o.314 Jens hat auch sehr konkrete Vorstellungen davon, wie der Roman hätte aussehen sollen und zu retten wäre: "Wozu das Spiel mit Materniaden, Frühschichten, Briefen und eingeblendeten 'Es-war-einmal'-Passagen, wenn sich der Brechungseffekt sehr viel leichter durch eingestreute Dokumente, Dialoge und Berichte von Dritten herstellen ließe?"(28)

o.3141 Stichhaltig zu begründen, warum die HUNDEJAHRE (in der von mir benützten Taschenausgabe) ausgerechnet fünfhundertunddrei Seiten haben, war im Rahmen dieser Untersuchung nicht möglich; dagegen befaßt sie sich intensiv in den Thesen zwei bis vier und sieben mit Funktion und Ziel von Autorenkollektiv und 'Schlußmärchen'.

o.32 So verschieden die Kritik auf die formalen Probleme des untersuchten Romans eingeht und reagiert, so - fast einhellig - konstatiert sie seine Sprache als Sprache des Autors Graß.

o.321 "Das Vokabular ist in einer schier schizophrenen Wortgier von überallher zusammengerafft" (29), diagnostiziert Heinrich Vormweg.

o.322 Roland H. Wiegenstein geht weiter und schließt aus dem Phänomen 'Sprache' beim Autor Graß: "Die Modernität dieses Schriftstellers und seines Romans liegt nicht im Sujet, im Aufbau, sondern darin, daß sprachliche Kraft allein seine Erfindungen legitimiert und er sich keinem Anspruch beugt, der außerhalb der Welt läge, die er kreiert."(3o)

o.3221 Mit diesem logischen Zirkel versucht Wiegenstein, den L'art pour l'art-Kreis bürgerlichen Literaturverständnisses um den Roman HUNDEJAHRE zu ziehen, indem er ihm künstlerische Substanz zuspricht, historisch-gesellschaftliche Relevanz aber abspricht.

o.3222 Der Trugschluß gibt sich als Kompliment mit der Eigenschaft eines Käfigs: unbehelligt und unverbindlich darf dort der Künstler sprachliche Potenz zur Schau stellen.

o.3223 Literatur wird so deklassiert zum schönstimmigen Kastraten, und eben damit ihrer Potenz beraubt.

o.323 Sprachanalyse - Wortgebrauch, Wortschöpfung und Syntax berücksichtigend - darf Literatur als Kunst nicht isolieren, muß sie vielmehr einordnen in die historisch-gesellschaftliche Entwicklung der Sprache; andernfalls sieht sie ab vom sozialen Charakter dieses Mediums.

o.324 Eine solche Sprachanalyse für diesen Autor steht noch aus, wenngleich Wagenbach (31) konkrete Vorschläge dazu macht.

o.325 Henning Brinkmann untersucht exemplarisch und

exakt einen 'komplexen Satz' in den HUNDEJAHREN (32), leitet daraus aber, ähnlich Wiegenstein, als Ergebnis ab, der Autor Graß erzähle "von der Sprache her"(33).

o.3251 Diesen Standpunkt erörtert und kritisiert die zweite These meiner Untersuchung.

o.33 Denn ich gehe davon aus, daß der Roman HUNDEJAHRE sich nicht in literarisches oder wissenschaftliches 'Niemandsland' verdrängen, sich nicht auf das künstlerische Areal bürgerlich-idealistischer Provenienz einengen läßt, sondern gesehen werden muß als Deskription und Analyse des Systems, in dem die HUNDEJAHRE spielen.

o.331 Dieser Einstieg in den Roman läßt sich auch durch unbewiesene Unterstellungen nicht verbauen, wie sie Hinton Thomas und van der Will formulieren: "Durch die Montage der geschichtlichen Wirklichkeit im Roman bietet die Geschichte das groteske Bild der Unvernunft. Das Verständnis der Geschichte geht über deren volkstümliche Bezeichnung als 'Hundejahre' nicht hinaus, ist bloß literarisch verkleidet"(34).

o.332 Es erscheint geradezu aberwitzig zu behaupten, der Autor Graß habe die geschichtliche, und somit a priori vernünftige Wirklichkeit beispielsweise der Nazidiktatur erst durch ihre 'literarische Verkleidung' zur Unvernunft verzerren und entstellen können.

o.333 Das geschichtliche Bewußtsein des Autors Graß in seinem Roman auf den Treppenwitz 'Hundejahre' zu reduzieren, ist wohl nur in einer fünfseitigen 'Analyse' des Textes möglich, die keinen Platz mehr hat, das Behauptete auch nur annähernd zu belegen.

o.334 Der wissenschaftliche und geschichtsphilosophische Standpunkt, von dem aus die künstlerische Reproduktion und Reflexion von Herrschaftsverhältnissen, Judenvernichtung und totalem Krieg als 'groteskes Bild der Unvernunft' einer doch wohl als vernünftig postulierten Geschichte erscheinen können, ist zumindest schwer auffindbar.

o.34 In seinem Aufsatz SCHNITTPUNKTE VON LITERATUR UND POLITIK demonstriert und kommentiert Dirk Grathoff (35) Rezeptionsmuster der Romane des Autors Graß, zeigt an, daß und warum der Autor sich wehrt gegen eine Vermengung von Literatur und Politik (36).

o.341 Hier soll keine Kongruenz im Werk des Autors von Literatur und Politik - im ausdrücklichen Widerspruch zu seiner Princeton-Rede(1966) - postuliert oder propagiert werden, wohl aber eine Interdependenz.

o.342 Um ihn 'besser' betrachten zu können, wird der Roman nicht aus seinen geschichtlich-gesellschaftlichen Beziehungen gelöst, im Gegenteil, gerade auf diesen Aspekt hin befragt.

o.343 Dabei erweist der Roman sich als politisch - nicht nur im weitesten Sinne, daß jedes künstlerische Produkt gesellschaftliches Produkt sei, auch im speziellen Sinn: denn der Autor

Graß zeichnet den Roman in die Zeitskala jüngster deutscher Vergangenheit und Verhältnisse ein.

o.344 Beim Sichten der Graß-Kritik muß man sich mit Grathoff wundern: "Erstaunlich ist - bei einem zeitgenössischen Dichter wie Graß - die einseitige Fixierung der Literaturkritik auf die ästhetischen, die rein formalen Aspekte seiner Werke."(37)

o.3441 Wiegenstein freilich gesteht die Inkompetenz herkömmlicher Kritik nun eben auf diesem Gebiet ein und läßt hören: "Und die ganze Verwirrung von Kritikern und Lesern rührt genau daher, daß das Instrumentarium der Kunstkritik nicht greift bei einem Werk, das zweifellos Kunst ist."(38)

o.35 Aus diesem 'Patt' mußte die vorgelegte Arbeit einen Ausweg finden.

o.4 Sie geht davon aus, daß in den HUNDEJAHREN von bestimmten Herrschaftsverhältnissen abhängige Menschen vorgeführt werden, die gezwungen sind, in ihrem Leben ständig verschiedene Rollen zu spielen, weil sie sich nicht selbst bestimmen, sondern von der staatlich-politischen Sphäre (dem System) fremdbestimmt werden.

o.41 Da, und dieses Menschenbild ist nicht Reservat des Idealismus, auch nach Marx der Mensch ein Wesen ist, das in seinem Wesen nicht nur das ist, was es in seiner gesellschaftlichen Situation (Fremdbestimmung; Entfremdung) tatsächlich ist, sondern auch das, was es werden kann und soll, bot sich zur Beschreibung und Erklärung des Personals der HUNDEJAHRE der Aspekt von 'Pression und Deformation' an.

o.42 Insofern jede wissenschaftliche Untersuchung den Charakter eines Experiments hat, daß außer ihm liegendes vernachlässigen kann und/oder muß, kamen unter dem Blickwinkel von Pression und Deformation die Sprachanalyse und - trotz eingehender Erläuterung noch immer - die Figur Brauchsels zu kurz.

o.43 Ohne das hier weiter auszuführen, sei darauf hingewiesen, daß in Aktion und Funktion Brauchsel dem Mephistopheles und auch der Leibgeber-Schoppe-Figur Jean Pauls vergleichbar ist.

o.44 Diese Ähnlichkeiten sehe ich freilich unter dem Aspekt des Verhältnisses der Intellektuellen zu Gesellschaft und gesellschaftlicher Praxis, worüber Graß als Redner wiederholt (39) reflektiert.

o.45 Von daher wären Untersuchungen anzustellen, die Brauchsels Stellenwert im Roman und in deutscher Geschichte und Literatur genauer bestimmten.

o.5 In ihrer Anlage profitiert die vorliegende Arbeit von den Gepflogenheiten der Logik und Informationstheorie.

o.51 Informationswert und Informationsabhängigkeit der einzelnen Sätze werden nicht durch Füllsätze angezeigt, sondern nur numerisch markiert.

o.52 Das vereinfacht Prüfen und Nachvollzug des Gedachten und ermöglicht es, jeden Satz auf seinen Aussagewert hin zu kontrollieren, ohne daß er aus einem vorgeschützten 'Zusammenhang' gerissen werden müßte.

o.53 Diese Anlage verdankt ihre Anregung einem Satz aus Wittgensteins TRACTATUS: "4.116 Alles was überhaupt gedacht werden kann, kann klar gedacht werden. Alles was sich aussprechen läßt, läßt sich klar aussprechen."(4o)

1 Die drei Initialbilder, jeweils beim Einsatz von FRÜHSCHICHTEN, LIEBESBRIEFE und MATERNIADEN, weisen Erzählen als reflexives und transitives Erinnern aus.

1.1 Brauchsel (41) erinnert sich an seine Kindheit, erinnert Harry Liebenau an dessen Jugend, erinnert Matern an die Jahre nach dem Zweiten Weltkrieg und beauftragt beide, das Erinnerte schriftlich zu fixieren.

1.2 Brauchsel selbst schreibt die FRÜHSCHICHTEN. Dieser Titel deutet daraufhin, welche Erinnerungsschicht Brauchsel freilegt, und wo und wann er daran arbeitet. Schreibzeit und erinnerte Zeit sind Korrelate.

1.21 Tempussprünge von Praesens zu Praeteritum, von Praeteritum zu Praesens, markieren diese Korrelation. Sie stecken den Horizont des Erzählten ab. Brauchsel, der "hier die Feder führt, dem Bergwerk vorsteht und seinen Namen verschieden schreibt, hat sich mit dreiundsiebzig Zigarettenstummeln, mit der errauchten Ausbeute der letzten zwei Tage, den Lauf der Weichsel, vor und nach der Regulierung, auf geräumter Schreibtischplatte zurechtgelegt: Tabakkrümel und mehlige Asche bedeuten den Fluß und seine <u>drei</u> Mündungen; abgebrannte Streichhölzer sind Deiche und dämmen ihn ein."(42) Der Initiator des Romans bemüht sich, Zweifel an der Art seines Erzählens gar nicht erst aufkommen zu lassen. Er rekapituliert Vergangnes hier auf seiner Schreibtischplatte und jetzt beim Schreiben. Alle Erfahrungen, die zwischen dem Damals und dem Jetzt liegen, werden einbezogen in den Erinnerungs- und Erzählhorizont. "Von Horizont zu Horizont liefen die Deiche der Weichsel"(S.9).

1.22 Das Praesens in den FRÜHSCHICHTEN zeigt an, daß der Erzähler "mehr vor Augen und im Bewußtsein (hat), als was im Augenblick in ihm und um ihn ist."(43) Das Praesens meint keine bestimmte Zeitstufe im Deutschen, sondern eine gegenwärtige, umfassende Bewußtseinslage, die über das Momentane hinausreicht.

1.221 Käte Hamburger geht, um eine Logik der Dichtung zu konstruieren, in ihrer Tempusargumentation von falschen Prämissen aus. Sie räumt nur dem "epischen Präteritum" eine "atemporale Funktion" (44) ein, so als zielten im Deutschen die Tempora nur auf eine bestimmte Zeitstufe. Sie kündigen jedoch, wie Henning Brinkmann nachweist (45), vielmehr verschiedene Bewußtseinshaltungen an, die "der Erinnerung (Praeteritum), des umfassenden Daseinsbewußtseins (Praesens) und der Erwartung (Futurum). Erst aus diesen Einstellungen ergeben sich die Beziehungen zur Zeit. Der wirkliche Bezug auf die Zeit wird im Deutschen nicht eigentlich durch grammatische, sondern durch lexikalische Mittel gegeben (orientierende Angaben)"(46); damit werden dem Schriftsteller alle Möglichkeiten der Sprache offengehalten, die ihm ein 'episches Präteritum' nähme.

1.23 Durch die Wahl der Tempora wird also die Vergangnes, Erinnertes und Gegenwärtiges erfassende Bewußtseinslage Brauchsels beim Erzählen sprachlich faßbar gemacht.

1.24 Die Bezüge zwischen Vergangenem und erzählerischem Arbeitsprozeß stellt Brauchsel her durch adverbiale Bestimmungen der Zeit: "Vor vielen vielen Sonnenuntergängen, lange bevor es uns gab, floß, ohne uns zu spiegeln, tagtäglich die Weichsel und mündete immerfort."(S.9) Zeit ist ein indefinites - vor vielen vielen...lange bevor...tagtäglich...immerfort - Kontinuum, solange sie nichts Bewußtes spiegelt, reflektiert, solange, bis Erinnern, und mit dem Erinnern Sprache einsetzt. Zeit manifestiert sich ausschließlich im Bewußtsein, im Erinnern, im Erzählen.

1.25 Die Weichsel gibt Brauchsel ein Bild des Zeitkontinuums ab und auch des 'Erinnerungsstromes': "Die Weichsel ist ein breiter, in der Erinnerung immer breiter werdender (...) Strom"(S.1o). Abgelaufene und ablaufende Zeit und Erinnerung halten das Erzählen in Fluß.

1.26 "Beschwörende Worte"(S.1o) - Thomas Manns Definition des Erzählers klingt an - spricht Brauchsel über die Weichsel. Er stellt fest: "Was längst vergessen war, bringt sich (...) mit Hilfe der Weichsel in Erinnerung"(S.11). Erinnern wendet sich gegen Vergessen.

1.261 Der Autor des 'Schlußmärchens'(S.265-317) schreibt: "Vergessen wollen alle die Knochenberge und Massengräber, die Fahnenhalter und Parteibücher, die Schulden und die Schuld."(S.317)

1.262 Brauchsel beschwört die Erinnerung gegen das Vergessenwollen. Die Schreibweise seines Namens wechselt zwischen Brauxel "wie Castrop-Rauxel" (S.9(Ort)), Brauchsel "wie Weichsel"(ebd.(Zeit und Erinnerung)) und Brauksel "wie Häksel"(ebd. (Sache)). Brauchsel wird vom Autor Graß zum Initiator und proteushaften Geist (47) des Erzählten gemacht, der

1.263 sich, Liebenau und Matern erinnert an Orte, Zeiten und Tatsachen, die alle vergessen wollen.

1.3 Brauchsel examiniert (S.1o1) Harry Liebenau, bevor er ihm "die Autorenschaft"(ebd.) des zweiten Buches überträgt. Er prüft Gedächtnis, Danziger Orts- und Geschichtskenntnis des jungen Lyrikers und Hörspielautors.

1.31 So unverfänglich dieses Frage- und Antwortspiel mit dem Aufzählen und Erklären von Straßennamen beginnt, so deutlich werden erzählerische Intention und zeitgeschichtliche Relevanz bei

1.32 "Brauxels Frage, wer im Jahre neunzehnhundertsechsunddreißig den modernen italienischen Gummiknüppel bei der Danziger Schutzpolizei eingeführt habe"(S.1o1), auf die Harry Liebenau antwortet: "Das tat der Polizeipräsident Friboess!"(ebd.)

1.4 Sprach-, Frage- und Antwort-, und Formspiele des Autors Günter Graß sind nicht unverbindlich-esoterische Literatur. Er und der erfundene Mitautor Brauchsel bekämpfen eine Amnesie, die "heute schon alles zur Historie erklärt, was uns gestern noch frisch und blutig als Tat oder Untat von der Hand ging"(48).

1.5 Das schließt diffizile künstlerische Arbeit nicht aus, schließt nicht aus, daß Liebenau die literarische Spielart Briefform ausnützt und zugleich kenntlich macht. Man rate ihm, beginnt er seinen Romanteil, Tullas "Rufnamen an den Anfang zu setzen (...) als beginne ein Brief." (S.1o7 (49)) Freilich macht er schon im zweiten Brief klar: "Und die Anrede - als schriebe ich Dir einen und hundert Briefe - wird der formale Spazierstock bleiben, den ich jetzt schon wegwerfen möchte"(ebd.).

1.51 'Erzählhilfe' und Behinderung ist die Form, lästige Notwendigkeit.

1.511 Die Briefform bietet die Möglichkeit stärkerer Privatisierung. "Dabei erzähle ich mir, nur und unheilbar mir; oder erzähle ich etwa Dir, daß ich mir erzähle?"(S.1o7)

1.512 Der Erzählhorizont verengt sich auf das, "was ich mit aufgerissenen Augen verschluckte und als Erinnerung stapelte"(S.225).

1.513 Auf die perspektivebedingte Relativität der Fakten wird aufmerksam gemacht: "heute muß ich mir Mühe geben, nichts tränenblind schwimmen zu lassen, was damals eckig, uniformiert, beflaggt, sonnenbeschienen, weltbedeutend, schweißdurchsuppt und tatsächlich war."(S.225)

1.52 In der subatomaren Physik können Vorgänge nicht mehr objektiv beschrieben werden, sondern nur Experimentalsituationen, in denen sich vom experimentierenden Menschen nicht absehen läßt. Die Briefform eignet sich besonders dazu, die Bedeutung des Beobachtenden für das Beobachtete, des Erzählenden für das Erzählte dem Leser wahrnehmbar zu machen.

1.521 Das ist auch einer der Gründe dafür, daß der Autor Graß den LIEBESBRIEFEN ein 'Schlußmärchen' anfügt, dem Mittelteil des Romans - der als einziger fast durchweg im Praeteritum erzählt ist - eine andere Perspektive und Sprachbehandlung, ebenfalls im Praeteritum, entgegensetzt (5o).

1.53 Liebenau erinnert und erzählt sich in Brauchsels Auftrag, indem er vorgeblich seiner Cousine Tulla Briefe schreibt.

1.6 Materns Gedächtnisschwund - "Er besitzt einen Löffel; aber kein Gedächtnis"(S.321) - versucht Brauchsel beizukommen, schickt "Vorschüsse und setzt Termine"(ebd.).

1.61 In der ersten 'Materniade' steht der dreifach beschwörende Imperativ: "Erinnere Dich! Wieviele Flüsse münden in die Weichsel? Wieviele Zähne hat der Mensch? Wie hießen die pruzzischen Götter? Wieviele Hunde? Acht oder neun Vermummte? Wieviele Namen leben noch? (...) erinnere Dich (...) erinnere Dich"(S.324) gegen Materns wütende Frage: "Lethe Lethe, wie wird man Erinnerungen los?"(S.325)

1.611 Die Polarität von Weichsel und Lethe, dem Strom der Erinnerung und dem Fluß des Vergessens, bestimmt das dritte Buch des Romans. Dieser Widerspruch, dieser Gegensatz schafft die Spannung, ob es gelingen wird, Erinnerungen aufzufrischen (S.325) oder ob Hitlerdeutschland und Nachkriegsdeutschland getrennt werden durch den Lethefluß, durch Vergessen, Verschleiern, Verschweigen.

1.612 "Flüsse, die in den Himmel wollen, münden in die Weichsel"(S.12), schließt die 'Erste Frühschicht'; "Flüsse, die in die Hölle wollen, münden in die Weichsel"(S.447), hat Matern, laut Manuskript der 'Öffentlichen Diskussion' zu sagen.

1.613 Unmöglich, sich der Erinnerung zu verweigern. Matern wird von dem ihm zugelaufenen Führerhund, von Brauchsel, notfalls durch "Erkenntnisbrillen"(S.4o6) oder öffentliche Diskussion, gemahnt an Geschehenes, gezwungen, sich zu erinnern.

1.62 Für dieses erinnernde Erzählen hat Matern einen ihm entlarvenden Satz parat: "Matern soll von damals quasseln."(S.321)

1.621 Matern will nicht, Matern 'soll'.

1.622 Matern sagt nicht: über meine Zeit in der SA und der KP, meine Blutsbrüderschaft mit dem Halbjuden Eddi Amsel und meine Beteiligung am (fast gelungenen) Totschlag des Itzich Amsel, mein Wissen vom KZ Stutthof und dem Knochenberg, dem Hitlerreich, der Nazidiktatur - Matern zieht das euphemistische verniedlichende nichtssagende indefinite deutsche Zeitadverb 'damals' vor.

1.623 Matern sagt nicht: reden oder berichten oder wenigstens erzählen, er benutzt vielmehr das im Berliner Dialekt gebräuchliche 'quasseln', das den pejorativen Sinn von 'dumm, töricht, unnütz reden' hat.

1.624 Anfangen, Kochen, Erinnern "heißt Auswählen"

(S.321), findet Matern. Wenn es um ihn selbst geht, erinnert er sich nur ungern, selektiv, mit Mühe - in seinen Mitteln dagegen, andere zu erinnern, ist Matern nicht wählerisch; denn er will "seiner Rache um jeden Preis ein Denkmal setzen"(S.343).

1.7 Die Ambivalenz von Erinnern wird erkennbar. Der Autor Graß demonstriert sie an seinen Figuren Brauchsel, Liebenau und Matern.

1.71 Daraus resultiert ein Erzählen, das nicht Realität vortäuschen oder zu unverbindlichen Fiktionen greifen muß, das Erlebtes, Erinnertes und Erfundenes nicht in Vergessenheit geraten lassen will.

1.72 Mit den Tempussprüngen von Praesens zu Praeteritum, Praeteritum zu Praesens in Brauchsels FRÜHSCHICHTEN meldet sich eine Erzählweise zu Wort, der Gegenwärtiges fragwürdig ist, die Vergangnes, Vergessenes freilegen will, der nicht beruhigende Kontinuität, sondern intellektuelles Ungebundensein als Movens des Erzählens dient. Praesens meint hier nicht den aufs Momentane begrenzten Horizont, vielmehr die Vergangenheit, Gegenwart und Zukunft umspannende Bewußtseinslage des Schreibenden.

1.73 Die durch das Zusammenspiel von Praeteritum und Briefform als privatisierend, kontinuierlich und verinnerlicht gekennzeichnete Erzählweise des Lyrikers und Hörspielautors Liebenau fordert im Vergleich mit den FRÜHSCHICHTEN schon die Kritik des Lesenden und erfordert ein modifizierendes und revidierendes Eingreifen des

Autors Graß im 'Schlußmärchen'.

1.74 "Matern schreibt Präsens"(S.351) - mit diesem 'erzählenden Praesens' ist Materns Bewußtseinslage gemeint; sein Blick geht nicht über den Augenblick hinaus, Erzählen ist für ihn "seitenlang auskotzen"(ebd.), also nie mehr geben, als gerade vorrätig ist, zudem Unverdautes. Dadurch wird genau das Gegenteil vom Praesens der FRÜHSCHICHTEN erreicht: in den MATERNIADEN verengen sich der gedankliche und der zeitliche Horizont. Zeit und Geschehen drängen ständig vorwärts, statt das Gegenwärtige aus dem Vergangenen zu entwickeln. Das Tempus ist komplementär dem Verhalten und Erinnern Materns gewählt.

1.75 Brauchsel übersieht Vergangenheit und Gegenwart, ist sich der Zusammenhänge, der Störungen und Steuerungen der HUNDEJAHRE bewußt, handhabt überlegen Tempora und Tempi, hat Geschehenes wie Erfundenes stets präsent, erzählt im Spannungsfeld von Praesens und Praeteritum.

1.76 Liebenau bleibt in praeteritaler Unverbindlichkeit, fabuliert brieflich im Märchenton des Imperfekt, das anzeigt, wie unfertig und unverarbeitet seine Erfahrung ist; kritische Distanz und temporäre Bezüge schafft erst der Autor Graß mit dem 'Schlußmärchen'.

1.77 Matern, im Praesens schreibend, läßt das zum Lernen notwendige 'feed back' vermissen, blickt zwar zurück, doch blind vor Zorn, und sieht nicht den faschistischen Bodensatz im dritten Aufguß des Systems. Matern schreibt, wie er lebt, präsentisch.

1.8 Durch die Tempora, in denen es erzählt, bestimmt der Autor Graß die verschiedenen Bewußtseinslagen des von ihm eingesetzten Autorenkollektivs.

2 Mit dem Kunstgriff (51) des Autorenkollektivs bildet der Autor Günter Graß die Simultaneität des arbeitenden Bewußtseins ab. Das Erzählte entwickelt sich nicht linear, schreitet nicht fort, rollt nicht der Reihe nach ab, sondern ist dem Autor und seinem Kollektiv als Ganzes stets und gleichzeitig im Ineinander und Nebeneinander aller Teile bewußt.

2.1 Die HUNDEJAHRE bauen sich nicht allmählich auf, sondern liegen Autor und Autorenkollektiv insgesamt mit jeder Einzelheit vor.

2.11 Darstellbar und wahrnehmbar freilich ist das literarische Produkt nur optisch (oder akustisch) kanalisiert, als Folge von Wörtern, Sätzen, Kapiteln, Büchern - also sukzessiv.

2.12 Denkbar jedoch für das erzählende und das rezipierende Bewußtsein sind literarisches Produzieren und literarisches Produkt als Panorama - also simultan.

2.13 Die Sprache kann dieses Panorama nicht adäquat, nämlich simultan, sondern nur aufgelöst in Sukzession wiedergeben.

2.131 Allenfalls typografisch läßt sich ein Näherungswert der Simultaneität erreichen (52).

2.132 Die erzählenden Autoren versuchen diese Behinderung, bewußt spätestens seit Sterne, durch verschiedene (53) erzähltechnische Mittel sichtbar zu machen und zugleich zu überwinden.

2.133 Für den Leser ist die Simultaneität nur erreichbar durch die sukzessive Rezeption des Erzählten und demnach erst mit der Kenntnis des literarischen Produktes als Ganzem (54).

2.134 Vorstellbar werden läßt der Autor Graß dem Leser diese spezifische Bewußtseinslage jedoch schon im ersten Buch des Romans durch Verweise auf das simultan an allen drei Büchern schreibende Autorenkollektiv und die artefaktielle Spracharbeit des Autors Brauchsel, beispielhaft vorgeführt zu Beginn der 'Vierten Frühschicht'.

2.2 Das Autorenkollektiv geht planmäßig vor, nachdem die "beiden Mitautoren"(S.41) Brauchsels auf zwei Arbeitstagungen Gelegenheit hatten, "Notizen zu machen und einen Arbeitsplan sowie etliche Schemata auszuarbeiten."(ebd.)

2.21 Zu Beginn der schriftlichen Fixierung des Buches liegt der Plan dafür den Autoren schon vor, die Vorbereitung des Erzählens hinter ihnen.

2.22 Zum Erzählen gehört hier also, das Erinnerte und Gegenwärtige insgesamt simultan parat zu zu haben - auch wenn es sich nur nacheinander darstellen läßt.

2.221 Für den Leser heißt das jedoch, daß er bis zum Schluß des Romans nur zum Teil und Stück für Stück mit einem als Ganzes vorhandenem literarischen Produkt bekannt wird.

2.222 Was dem Autor Graß und seinem Autorenkollektiv jeweils synoptisch vor Augen ist, erschließt sich dem Lesenden erst vom letzten Satz her als Panorama.

2.23 Bewußt bleibt allerdings Autor und Autorenkollektiv, daß die Überwindung von Raum und Zeit nur bewußtseinsmäßig möglich ist, realisierbar nur zum Schein in der Fiktion des literarischen Produkts, nachvollziehbar nur dem 'sensorium commune' des Lesers.

2.231 Wenn Brauchsel von sich schreibt: "Brauksel hat sich also, wie vorgesehen, übers Papier gebeugt, hat, während die anderen Chronisten sich gleichfalls und termingerecht über die Vergangenheit gebeugt und mit den Niederschriften begonnen haben, die Weichsel fließen lassen" (S.18 (55)), bleibt er sich, trotz seiner sinnfälligen Diktion, klar darüber, daß mit den Wörtern 'wie vorgesehen...während...gleichfalls' nicht die erzähltechnischen (Autor) und imaginativen (Leser) Schwierigkeiten gelöst sind, Simultaneität des arbeitenden Bewußtseins in Sprache zu übertragen. Das und mögliche Resignation deutet der unmittelbar folgende Satz an: "Noch macht es ihm Spaß, sich genau zu erinnern"(ebd.).

2.24 Hinweise auf Arbeitsplanung und Arbeitsteilung des Kollektivs werden als spannungschaffende Ankündigung gegeben: "Doch davon darf, laut Vereinbarung des Autorenkollektivs, nicht Brauxel, darüber wird der Herr Schauspieler berichten."(S.53) oder: "Studienrat Oswald Brunies - das Autorenkollektiv hat vor, ihm ein Denkmal zu bauen - "(S. 83) oder als Begründung des Erzählverlaufs: "Und den Termin, den vierten Februar muß ich einhalten. Und den Knochenberg muß ich türmen. Und mit dem Schlußmärchen muß ich beginnen, denn Brauchsel telegrafiert dringlich."(S.265)

2.25 Der Kunstgriff, ein Autorenkollektiv erzählen zu lassen, signalisiert die imaginäre, fiktive, also im Bewußtsein mögliche Simultaneität des Ganzen.

2.3 Die Simultaneität im arbeitenden (erinnernd-vergegenwärtigenden) Bewußtsein schlägt sich, beispielsweise gesehen, in der Spracharbeit des vom Autor Graß erfundenen Autoren Brauchsel nieder:

2.31 "Mittlerweile - denn während Brauxel die Vergangenheit eines Taschenmessers aufdeckt, und das gleiche Taschenmesser als geworfener Gegenstand der Wurfkraft, der Kraft des gegen ihn angehenden Windes und der eigenen Schwerkraft gehorcht, bleibt Zeit genug übrig, von Frühschicht zu Frühschicht einen Arbeitstag abzubuchen und mittlerweile zu sagen - mittlerweile also hatte Amsel seinen Stahlhelm mit dem Handrücken in den Nacken geschoben. Er übersprang mit einem Blick die Deichböschung, erfaßte mit demselben Blick den Werfer, schickte den Blick dem geworfenen Gegenstand hinterdrein; und das Taschenmesser hat, behauptet Brauxel, mittlerweile jenen endlichen Punkt erreicht, der jedem aufstrebenden Gegenstand gesetzt ist, hat er-

reicht, während die Weichsel fließt, die Katze treibt, die Möwe schreit, die Fähre kommt, während die Hündin Senta schwarz ist und die Sonne nicht aufhört mit dem Untergehen.
Mittlerweile - denn wenn ein geworfener Gegenstand jenes Pünktchen erreicht hat, hinter dem der Abstieg beginnt, zaudert er einen Augenblick lang, täuscht Stillstand vor - während das Taschenmesser also oben still steht, reißt Amsel seinen Blick von dem Pünktchen Gegenstand fort und hat wieder - schon fällt das Messer ruckhaft, weil stärker dem Gegenwind ausgesetzt, dem Fluß zu - seinen Freund Walter Matern im Auge, der immer noch mit Ballen und Zehenspitzen ohne Strumpf im Schnürschuh wippt, die rechte Hand hoch und weit von sich hält, während sein linker Arm rudert und ihm das Gleichgewicht bewahren will.
Mittlerweile - denn während Walter Matern einbeinig wippt und ums Gleichgewicht besorgt ist, während Weichsel und Katze, Mäuse und Fähre, Hund und Sonne, während das Taschenmesser dem Fluß zufällt, ist in Brauchsels Bergwerk die Frühschicht eingefahren, die Nachtschicht ausgefahren und auf Fahrrädern davon, hat der Kauenwärter die Kaue abgeschlossen, haben die Sperlinge in allen Regenrinnen den Tag angefangen..."(S.16).

2.32 Die Zeitadverbien: mittlerweile, während, schon, immer noch, erstellen das Gerüst dieser ersten Sätze und Absätze der 'Vierten Frühschicht'.

2.33 Sie stützen die Tempora: Praesens, Praeteritum, Perfekt und Plusquamperfekt ab und sind zudem die 'Gleichrichter' dieser verschiedenen Verbformen.

2.34 Mit dreimaligem 'denn' wird die Wahl des Zeitadverbs 'mittlerweile' begründet; erzählend legt der Erzählende Rechenschaft ab über Sprachgebrauch und Denkmuster.

2.35 Aktion und Reflexion schaltet das Bewußtsein synchron, koppelt sie sprachlich durch die - notwendigerweise abstrakten - Zeitadverbien: 'mittlerweile' und 'während'.

2.36 Die gleichermaßen zeitdehnende wie zeitraffende Beschaffenheit dieser Zeitadverbien verwendet Brauchsel, um in der Parallelschaltung von Vergangenem, Erinnern, Gegenwärtigem und Reflexion die Fähigkeit des Bewußtseins zu demonstrieren, gegen- und gleichläufige Prozesse, Geschehenes und Geschehen simultan zu sehen.

2.37 Brauchsel, der "die Vergangenheit eines Taschenmessers aufdeckt"(S.16), benützt die Wurfparabel dieses Taschenmessers, um das Koordinatensystem von Zeit und Erzählen sprachlich aufzuzeichnen, eine Parabel vom Erzählerbewußtsein zu liefern.

2.371 Dem übergeordneten Prozeß, die Vergangenheit eines bestimmten Taschenmessers (56) aufzudekken, werden der Verlauf des Wurfes und der Arbeitsablauf ("bleibt Zeit genug übrig, von Frühschicht zu Frühschicht einen Arbeitstag abzubuchen und mittlerweile zu sagen"(S.16)) beigeordnet. Die Parenthese erläutert den Gebrauch von 'mittlerweile'.

2.372 Die Dauer des Wurfes markiert die Koordinate Zeit (erzählte Zeit), das Wort 'mittlerweile' gibt die Koordinate erzählerischer Arbeitsablauf (Erzählzeit), und mit 'während' werden der erzählten Zeit oder der Erzählzeit synchron geschehene oder gesehene Vorgänge eingeschaltet.

2.373 Nachdem das 'mittlerweile', kombiniert mit 'während', eine Stagnation (Parenthese) hervorgerufen hat, holt es mithilfe des Plusquamperfekts das Geschehen wieder ein: "mittlerweile also hatte Amsel seinen Stahlhelm mit dem Handrücken in den Nacken geschoben"(S.16) und bereitet damit kontinuierliches Erzählen im Praeteritum vor: "Er übersprang mit einem Blick die Deichböschung, erfaßte mit demselben Blick den Werfer, schickte den Blick dem geworfenen Gegenstand hinterdrein"(ebd.), das ein erneutes 'mittlerweile' unterbricht, indem es einem ins Perfekt und als Behauptung Brauchsels gesetzten Zustand Spielraum verschafft: "und das Taschenmesser hat, behauptet Brauxel, mittlerweile jenen endlichen Punkt erreicht, der jedem aufstrebenden Gegenstand gesetzt ist, hat erreicht"(ebd.), und diesen Zustand, verbunden mit 'während', synchronen Geschehensabläufen konfrontiert: "während die Weichsel fließt, die Katze treibt, die Möwe schreit, die Fähre kommt, während die Hündin Senta schwarz ist und die Sonne nicht aufhört mit dem Untergehen"(ebd.).

2.374 Scheinbaren Stillstand, verbal im Perfekt und folgenden Praesens erfaßt: "Mittlerweile - denn wenn ein geworfener Gegenstand jenes Pünktchen erreicht hat, hinter dem der Abstieg beginnt, zaudert er einen Augenblick lang, täuscht Stillstand vor - "(S.16), kann das Wort 'mittlerweile' bewirken und impliziert doch die Ausgangsposition einer Veränderung, denn 'mittlerweile' vermittelt zwischen verschiedenen Geschehen, eine Schnittstelle schaffend, in die synchrone Vorgänge oder Reflexionen eingefügt werden können; es ermöglicht das Miteinander aller Ebenen des arbeitenden Bewußtseins in einer Balance, die mit 'während' noch gehalten oder ausgedehnt werden kann: "während das Taschenmesser also oben still steht, reißt Amsel seinen Blick von dem Pünktchen Gegenstand fort und hat wieder - "(ebd.), Amsel ändert die Blickrichtung, und das Messer verläßt den Stillstand vortäuschenden Scheitelpunkt der Parabel, ein Zeitadverb kündigt das an: "schon fällt das Messer rasch ruckhaft, weil stärker dem Gegenwind ausgesetzt, dem Fluß zu"(ebd.) - aber das 'mittlerweile' rückt, unterstützt von 'immer noch' und 'während' einen weiteren Balanceakt ins Blickfeld: "seinen Freund Walter Matern im Auge, der immer noch mit Ballen und Zehenspitzen ohne Strumpf im Schnürschuh wippt, die rechte Hand hoch und weit von sich hält, während sein linker Arm rudert und ihm das Gleichgewicht bewahren will."(ebd.)

2.375 Das 'mittlerweile' stellt es Brauchsel schließlich frei, alle als erinnert gedachten gleichzeitigen Vorgänge summativ: "denn während Walter Matern einbeinig wippt und ums Gleichgewicht besorgt ist, während Weichsel und Katze, Mäuse und Fähre, Hund und Sonne, während das Taschenmesser dem Fluß zufällt"(S.16) - die dem Wurf beigeordneten Abläufe gewinnen ihren Vorgangscharakter nicht mehr aus Verba definita, sondern allein aus dem sie einleitenden Zeitadverb 'während' - den zum Erinnern synchron abgelaufenen Vorgängen zu konfrontieren: "ist in Brauchsels Bergwerk die Frühschicht eingefahren, die Nachtschicht ausgefahren und auf Fahrrädern davon, hat der Kauenwärter die Kaue abgeschlossen, haben die Sperlinge in allen Regenrinnen den Tag angefangen..."(ebd.).

2.3751 Nach diesen Variationen über 'mittlerweile', der Parabel vom Erzählerbewußtsein, läßt Brauchsel das Erzählkontinuum, bezeichnet durch Praeteritum und das Zeitadverb 'damals', wieder einsetzen: "Es gelang damals Amsel"(S.16).

2.38 Drei Absätze der 'Vierten Frühschicht', einmal fortlaufend, einmal erläutert zitiert, machen Brauchsels Sprach- und die vom Leser geforderte Denkarbeit deutlich: nur bei zweimaligem Lesen gelingt es, die in die Sukzession der Sprache aufgelöste Simultaneität des Bewußtseins wieder in Simultaneität umzuformen.

2.381 Wie Brauchsel den Blick Amsels beschreibt: "Er übersprang mit einem Blick die Deichböschung, erfaßte mit <u>demselben</u> Blick den Werfer, schickte den Blick dem geworfenen Gegenstand hinterdrein"(S.16), und im nächsten Absatz praesentisch: "reißt Amsel seinen Blick von dem Pünktchen Gegenstand fort und hat wieder (...) seinen Freund Walter Matern im Auge"(ebd.), so holt der Autor Brauchsel sämtliche Blickrichtungen, Bewußtseinsebenen des Erzählenden ins Satzgefüge, konzentriert sie in simultaner Optik.

2.382 Erzählen wird zum Abbild der spezifisch menschlichen Bewußtseinslage und Denkarbeit.

2.383 Dazu bedient sich Brauchsel des durch Zeitadverbien modulationsfähigen deutschen Tempussystems, das den Einsatz der Tempora nicht nach starrem Schema erfordert, sondern sie der Einstellung des Erzählenden zum Erzählten unterordnet (57).

2.384 Brauchsel informiert umfassend über Vorgänge außer- und innerhalb seines Bewußtseins, spielt die Möglichkeiten der Sprache durch, gibt einen Begriff von seiner Intention, seinem Wissen.

2.3841 Wittgenstein schreibt in seinem Text ÜBER GEWISSHEIT im Paragrafen "560. Und der Begriff des Wissens ist mit dem des Sprachspiels verkoppelt."(58)

2.3842 Brauchsel skizziert ein ähnliches Denkmuster in der 'Ersten Frühschicht': "Spieltrieb und Pedanterie diktieren und widersprechen sich nicht."(S.9)

2.3843 So 'welthaltig' und 'stoffreich' die HUNDEJAHRE erscheinen, so klar wird dadurch, daß der Autor Günter Graß gleichermaßen von der 'Welt' wie von der Sprache her erzählt (59).

2.385 In diesem Spannungsfeld von 'Welt' und Sprache' entwirft der Autor des Autors ein syntaktisches Gefüge, das alle Fähigkeiten von Bewußtsein und Sprache enthält und erhellt, Erinnertes und Gegenwärtiges, Aktion und Reflexion auf die Wurfparabel eines Taschenmessers projiziert, also die Dimension des Gedachten in die Dimension des Gesagten bringt - Simultanes sukzessiv aufreiht.

2.3851 Der Wurfparabel ähnlich steigert Brauchsel sein Erzählen in diesen drei Absätzen bis zu einem Scheitelpunkt, in dem er mit dem Wort 'mittlerweile' scheinbaren Stillstand, labiles Gleichgewicht erreicht.

2.3852 Dem Koordinatensystem aus erzählter Zeit und Erzählzeit zeichnet Brauchsel das 'Sprachdiagramm' seines Bewußtseins ein.

2.4 Durch den Kunstgriff des Autorenkollektivs und die artefaktielle Spracharbeit seines Autors Brauchsel macht der Autor Graß erzählerische Sukzession transparent für die Simultaneität des arbeitenden menschlichen Bewußtseins.

3 Das Autorenkollektiv fungiert als Korrektiv.

3.1 Die "einander in den Schwanz beißenden Hundejahre"(S.449) erzählt nicht souverän und omnipotent ein Autor, sondern der Autor Graß teilt den Roman in drei Bücher, unter drei Autoren. Vier Perspektiven machen den Roman aus.

3.1o1 Anfang und Ende, Herr und Hund, Denken und Handeln, Politik und Geschichte, Individuum und Gesellschaft, Biografie und Zeitgeschehen, Schuld und Vergessen, Schuldige und Unschuldige, Schläger und Geschlagene, Führer und Mitläufer - dieses Knäuel aufzulösen, schickt sich der Autor Graß an, hat jedoch erkannt, daß sich der Satz von Ursache und Wirkung auf die "einander in den Schwanz beißenden Hundejahre"(S.449) nicht anwenden läßt, daß diesem circulus vitiosus mit einfachen Mitteln nicht beizukommen ist, daß e i n Erzähler, diesen Kreis abbildend als Kausalkette, das komplexe Geschehen vereinfachen und Vergessen gerade erst ermöglichen würde.

3.1o2 In der 'siebenundachtzigsten wurmstichigen Materniade' wird die pseudokritische Akribie eines deutschen Wochenmagazins gekennzeichnet: "Was sich leicht lese, lasse sich leicht vergessen und dennoch zitieren; nicht immer komme es auf Wahrheit an, aber die Hausnummer müsse stimmen; kurzum, ein gutes Archiv, also zehntausend und mehr wohlgefüllte Leitzordner, ersetze das Denken; 'die Leute wollen', so sagen die Mehlwürmer, 'nicht zum Grübeln angeregt, sondern genau unterrichtet werden'."(S.367f.)

3.1o3 Mit dem Sprachbild der sich 'in den Schwanz beißenden Hundejahre' macht der Autor Graß klar, daß vom Roman HUNDEJAHRE 'leitzgeordnetes' Erzählen nicht zu erwarten ist. Kein Erzähler, auf den man sich verlassen, keine Perspektive, auf die man sich einstellen kann; keine verläßliche, zitierbare Erzählerautorität gibt Erzähltem und Leser Halt und Sicherheit.

3.11 Durch den Kunstgriff des Autorenkollektivs macht der Autor Graß die Abhängigkeit des Erzählten vom Erzählenden deutlich, stellt die Verbindlichkeit des Erzählten in Frage - relativiert die Teile, um zum Prüfen jedes Erzählers, jeder Perspektive zu zwingen.

3.12 Erzählen ist für den Autor Graß nicht gleichzusetzen mit dem Bewältigen der 'Hundejahre'; Erzählen heißt Erinnern an das, was alle vergessen wollen.

3.121 So wird es auch notwendig, die Bücher BLECHTROMMEL, KATZ UND MAUS und HUNDEJAHRE zu sehen als Trilogie, obwohl dieser Zusammenhang hier nur angedeutet werden kann. In diesen drei Büchern erzählt der Autor Graß nicht wohlgeordnet vom Disparaten und Desperaten deutscher Vergangenheit und Gegenwart, sondern setzt sich - aus immer neuer Perspektive - damit auseinander.

3.122 Also muß gesagt werden: "Brauxel und seine Mitautoren gingen bei jemandem in die Schule, der zeit seines Lebens fleißig war, auf lackiertem Blech."(S.9o)

3.123 In der Novelle KATZ UND MAUS wird die Geschichte des Oswald Brunies, die Liebenau in den LIEBESBRIEFEN aufrollt, angekündigt als "eine dunkle verzweigte Geschichte, die an anderer Stelle, doch nicht von mir, und auf keinen Fall im Zusammenhang mit Mahlke, niedergeschrieben werden soll."(6o)

3.2 Der Komplexität ('eine dunkle verzweigte Geschichte') von Vor-Hitler-Zeit, Hitler-Zeit und Nach-Hitler-Zeit ist die vom Autor Graß arrangierte Triple-Perspektive adäquat.

3.3 Mit dem Autorenkollektiv wird klar, daß der Autor Graß jede der drei Perspektiven durch die anderen korrigiert und modifiziert und mit dieser Vielfach-Brechung ein den 'verzweigten' und verworrenen 'Hundejahren' angemessenes Erzählen installiert.

3.31 Teilweise gleiches Material wird mehrmals entfaltet, die erzählte Zeit überlappt und wiederholt sich partiell von Buch zu Buch, Geschichte und Geschichten erweisen sich als einfachem und einmaligem Erinnern und Erzählen nicht erfaßbar.

3.32 Brauchsel-Amsels Verwandlung in einen Schneemann und aus einem Schneemann in Goldmäulchen-Haseloff bietet sich, wegen ihrer besonderen Bedeutung, als beispielhafter Beweis an.

3.321 In der 'Zwanzigsten Frühschicht' verbindet Brauchsel Erzählzeit und erzählte Zeit, wenn er behauptet: "Brauxel erlebte schon einmal Tauwetter und wandelte sich unterm Schmelzwasser des abnehmenden Schneemannes"(S.59),

3.3211 unterbricht sich jedoch selbst mit einem "doch zuvor, vor vielen vielen Schneeschmelzen"(S.59), und spart die Erläuterung des 'schon einmal' aus. Brauchsel erzeugt Hellhörigkeit - hält aber den Leser hin. Er greift zwar in die hauptsächlich von Liebenau erzählte Hitler-Zeit vor, beläßt es jedoch bei einem vorerst unvollständigen und darum unverständlichen Hinweis.

3.322 Das Thema wird von Liebenau aufgegriffen, allerdings ohne Rückverweis auf Brauchsels Erwähnung dieser Episode in den FRÜHSCHICHTEN. Im Gegenteil: die Tauwetterepisode wird - in diesem Fall den Forderungen der Kausalität folgend - erst nach der Verwandlung Amsels in einen Schneemann erzählt.

3.3221 Diese Art, ein Ereignis erzähltechnisch zu brechen, enthüllt stufenweise zweierlei. Brauchsel kennt das, was Liebenau erzählt, als eigenes 'Erlebnis', also den 'internen' Verlauf, und er kennt einen maßgeblichen Täter, nämlich Matern. Außerdem wird die Identität zwischen Brauchsel-Amsel-Haseloff-Goldmäulchen hergestellt, ohne daß einer der beiden Erzähler das expressis verbis sagt. Beide Schlüsse werden dem Leser nahegelegt, bleiben ihm jedoch überlassen.

3.3222 Die von den Autoren Brauchsel und Liebenau verwendeten Wörter 'sich wandeln' und 'Verwandlung' bestätigen kaum zu übertreffende Zurückhaltung der Erzähler. Brauchsel bezeichnet diese Haltung mit dem Begriff "Gleichmut"(S.93).

3.3223 Dieser 'Verwandlung' geht der versuchte Totschlag an Eddi Amsel voraus. Neun Sturmabteilungsmänner steigen in seinen Garten, kreisen ihn ein und schlagen ihn brutal - auf seine Fragen antworten ihre Fäuste - und schonungslos zusammen(S.19off).

3.3224 So wie in den FRÜHSCHICHTEN auf die Tauwetterepisode verwiesen wird, verweist der nicht als omnipotenter Erzähler (61) fungierende Liebenau, nebenbei, auf einen der Täter: "Diese Faust trifft ihn und knirscht hinter schwarzem Tuch mit den Zähnen. Aus Amsels Mund, der rot überläuft, wirft eine Frage Blasen: 'Bist Du es? Tsib Ud se?' Doch die knirschende Faust spricht nicht, sondern schlägt zu."(S.192)

3.32241 Walter Matern wird zu Anfang (S.13) des Romans als zähneknirschender Neunjähriger vorgeführt, der "eine Faust"(ebd.) macht. - Außerdem erfindet sein Jugendfreund Eddi Amsel eine "rückläufige"(S.83) Geheimsprache, in der er "Sätze Wort für Wort auf den Kopf"(ebd.) stellt.

3.32242 Jeder SA-Schläger kann vor Wut mit den Zähnen knirschen. Die erschütternde - Gethsemane assoziierende - Frage in Geheimsprache: 'Tsib Ud se?' gibt allerdings einen deutlicheren Hinweis auf den Täter.

3.3225 Diese Art des Erzählens liefert dem Leser Indizien, überläßt ihm die Identifikation. Diese Art des Erzählens entschlüsselt nicht, macht es aber dem Leser möglich, Schlüsse zu ziehen. Was sich nicht leicht liest, läßt sich nicht leicht vergessen. Der Autor Günter Graß erschwert die Wahrnehmung, gleichzeitig auch Vergessen.

3.32251 Sklovskij erläutert diesen (literarischen) Kunstgriff: "Denn in der Kunst ist der Wahrnehmungsprozeß ein Ziel in sich und muß verlängert werden. Die Kunst ist ein Mittel, das Werden eines Dings zu erleben, das schon Gewordene ist für die Kunst unwichtig."(62)

3.323 Erst im dritten Buch, als Diskussionsgegenstand einer öffentlichen Diskussion (S.422ff.), wird Walter Matern als Mittäter entlarvt.

3.3231 Matern, der im Nachkriegsdeutschland Täter und Mittäter an Vergangenheit erinnern will, ist selbst nicht bereit, eigene Schuld zu erinnern und einzugestehen.

3.3232 Andere erinnernd, versucht er die eigene Erinnerung zu verdrängen. "Matern bricht durch, entzieht sich, flieht"(S.453), wenn er seiner Vergangenheit konfrontiert werden und sich über sie Rechenschaft ablegen soll.

3.3233 Anderen rechnet er ihre Taten auf; aber solange er sich nicht selbst zu Tätern zählt, stimmt das Ergebnis nicht. "Wir zählten nur acht,/ wie hieß der neunte?"(S.451), fragen die Diskutanten Matern.

3.4 Indem der Autor Graß also Ereignisse und Erinnerungen vom Kollektiv reproduzieren läßt, allenfalls koordinierend eingreift, macht er klar, daß jedes Erzählen Korrektive braucht, daß ein Ereignis nicht nur zwei Seiten hat, daß ein komplexer Vorgang nur mehrfach gebrochen und von einem Kollektiv erfaßt wird.

3.5 Der Autor Graß löst schwer durchschaubare, vielfach determinierte Vorgänge nicht auf in das geläufige Denkspiel der Kausalität.

3.51 Er eliminiert den omnipotenten Erzähler, ersetzt ihn durch mehrere und beschränkte Perspektiven, die erst insgesamt, kollektiv, informieren.

3.52 Jeder der erfundenen Autoren ergänzt und korrigiert die Mitautoren. In gleicher Weise ist der Leser gezwungen, keinen Vorgang als endgültig erzählt und erklärt anzusehen, sondern alles Erzählen als vorläufig zu akzeptieren, auch seine eigene Perspektive immer erneut zu korrigieren.

3.53 Der Erzähler Graß mißtraut Erinnern und Erzählen in gleichem Maße, beläßt keine Perspektive als verbindlich.

3.54 Erzählen, Sprachartistik und formales Können dienen ihm dazu, Erzählen, Sprachartistik und formales Können in Zweifel zu ziehen.

3.541 Diese Art künstlerischer Arbeit und Skepsis hat ihr formales Pendant im Kollektiv.

3.6 Das, was die katastrophale Entwicklung der von ihm beschriebenen Epoche deutscher Geschichte möglich machte, nämlich die kritiklose Übernahme vorgefertigter Sprach-, Denk- und Verhaltensmuster, sucht der Autor Graß zu unterbinden, indem er die Rezeption seines Romans erschwert.

3.61 Die Simultaneität erwies sich als künstlerisches, als formales Problem. Das Erzählkollektiv enthält und verdeutlicht neben der künstlerischen auch die politische Intention des Autors Günter Graß.

3.62 Brauchsels, Liebenaus und Materns Erinnern und Erzählen wird als lückenhaft und bedingt kenntlich gemacht. Die Kenntnis aller drei Versionen relativiert jede einzelne und zeigt, wie im Kollektiv jeder Erzähler kontrollierend und korrigierend wirkt. Neben dem Autor Graß wird so jedoch auch der Leser zu einer Kontrollinstanz, also bewußt am Erzählprozeß beteiligt.

3.621 Die Tauwetterepisode macht das beispielhaft klar: nicht das Opfer, Brauchsel, stellt im ersten Buch den Täter bloß, sondern Brauchsel macht hellhörig für den Bericht Liebenaus über SA-Einsatz und Schneeschmelze; damit wird weiter deutlich, daß Brauchsel ein anderer war, als er ist, und mehr weiß, als er erzählt; daß Matern mehr weiß, als er erzählt, ergibt sich aus der 'Öffentlichen Diskussion'; sein 'aussparendes' Erzählen stellt allerdings alles, was er erzählt, in Frage; das Gleiche gilt nicht für Brauchsel.

3.622 Die Kombination: Opfer, Zeuge, Täter, mit der der Autor Graß einen Vorgang aufschlüsselt, zeigt eine Erzähltechnik, die mit Verschweigen, Zeugenaussage und unfreiwilligem Geständnis einem Erfahrungsmuster deutscher Vergangenheit und Gegenwart auf die Spur kommt.

3.623 Diese Erzähltechnik erfordert vom Leser mehr als unkritische Rezeption. Sie bezieht das kritische Bewußtsein des Lesers als Kontrollinstanz in das vom Kollektiv Erarbeitete ein.

3.7 Das Autorenkollektiv fungiert folglich als Korrektiv nicht nur in sich und für sich; es fungiert auch als Korrektiv des Leserbewußtseins, und hat somit neben dem künstlerischen auch politischen Stellenwert.

4.oo1 Der Roman HUNDEJAHRE vermittelt kollektive Ereignisse durch verfügbares, das heißt privates und persönliches Erlebnismaterial.

4.oo2 Nicht das Private und Persönliche ist jedoch

Antrieb und Ziel des Erzählens, zeigt der Romantitel, sondern Zeit und Umstände, unter denen es sich manifestiert und die es manipulieren.

4.oo21 Das Private und Persönliche bezeichnet den wahrnehmbaren Bereich einer schwer faßbaren Ereignisskala; seine Frequenz jedoch nimmt einen verschwindend geringen Teil dieser Skala ein.

4.oo3 In einer Zeit kollektiver Verstümmelungs- und Vernichtungsprozesse und aus ökonomischen und/oder imperialistischen Gründen produzierter und kanalisierter kollektiver Aggression, der dann im totalen Krieg ihr scheinbar notwendiges und nützliches Ventil geschaffen wird, verliert die einzeln verstümmelte oder vernichtete Existenz zwangsläufig an Relevanz.

4.o1 Mit Hilfe des Autorenkollektivs versucht der Autor Graß, Geschehnismomente und Geschehnisebenen der kollektiven Zeitvorgänge zu fixieren.

4.o11 Notwendigerweise verliert dabei die psychologisch motivierte, individuelle Existenz an Bedeutung.

4.o12 Der Autor Graß konstruiert Figuren, die nicht mehr repräsentative, vielmehr demonstrative Funktion haben.

4.o121 Durch den Fortfall der psychologisch vertretbaren Motivation wird ein beliebtes Betätigungsfeld der Literaturwissenschaft brachgelegt: das Entschlüsseln, Aufhellen und Interpretieren psychischer Vorgänge (63).

4.o2 An den Funktionsfiguren werden soziale und kollektive Vorgänge demonstriert.

4.o3 Amsels, Materns und Liebenaus Kinderspiele, ihre Sportplätze und militärischen Ausbildungslager erweist der Autor Graß als bösartige Infektionsherde; Schneemannbauen, Schlagballspielen und Rattenschießen sind systematisches und symptomatisches Einüben von Aggression und Vernichtung.

4.o31 Die Ereignisse der 'Hundejahre' lassen sich nicht psychologisch verharmlosen oder als individuelle Entgleisungen abtun.

4.o32 Folglich fungieren Brauchsel, Matern und Liebenau als Projektionsflächen.

4.o33 Auf das - somit scheinbar - Private und Persönliche dieser Figuren projiziert der Autor Graß kollektive Prozesse.

4.1 Indem so Geschichten dämonisiert erscheinen, wird Geschichte entdämonisiert.

4.12 Geschichte verliert ihre apersonale Zwangsläufigkeit. Geschichte, wird klar, vollzieht sich nicht nach unveränderlichen Gesetzen, sondern ist das jeweilige Resultat kollektiver Verhaltensweisen;

4.121 auch wenn diese Verhaltensweisen durch stilisierte und mystifizierte Führer motiviert und damit nötigenfalls entschuldigt werden sollten.

4.13 Dadurch, daß der Autor Graß Geschichte in Geschichten transponiert, wird deutlich: Welt ist nicht das Führerhauptquartier allein, sondern ebenso bürgerliche Wohnungen, Klassenzimmer, Sportplätze, beflaggte Seestege und Tischlereihöfe.

4.14 Dadurch, daß er psychologisch motivierte in synthetische Figuren transformiert, entlarvt er unsere schizoide Zivilisation, die Täter und Opfer anonymisiert, den Mord legalisiert, anschließend zwar von Kollektivschuld spricht, zugleich aber damit, daß sie Einzelne der Justiz und den Massenmedien als verantwortliche Täter präsentiert, diese Schuld abzutragen glaubt und Vergessen proklamiert.

4.2 "Als wenn Namen Täter bezeichnen könnten!"(S.474)

4.3 Das Autorenkollektiv legt erzählend Fehlverhalten offen.

4.31 Der Dreischnitt und Dreischritt FRÜHSCHICHTEN, LIEBESBRIEFE und MATERNIADEN führt Täter und Opfer vor.

4.311 Anders gesagt: das Autorenkollektiv ist - erinnernd und erzählend - sein eigenes Demonstrationsobjekt.

4.3111 Anders gesagt: Brauchsel, Liebenau und Matern entlarven sich selbst.

4.4 Der Autor Graß macht das Autorenkollektiv zu Subjekt und Objekt der HUNDEJAHRE.

4.41 Täter entpuppt er als Opfer, Opfer als Täter.

4.42 Die Manipulierten manipulieren sich selbst.

4.43 Die Verfolger werden zu Verfolgten, die Verfolgten zu Verfolgern.

4.44 Mit dieser Art von Rückkoppelung deckt der Autor Graß das Muster unserer Zivilisation, den circulus vitiosus der sich "einander in den Schwanz beißenden Hundejahre"(S.449) auf. Im Dreischritt wird klar, daß dieses Muster sich zäh auch über den Zusammenbruch und die bedingungslose Kapitulation hinweg hält.

4.5 Nicht Brauchsel, nicht Liebenau, nicht Matern brechen den Kreis auf. Die Bundesrepublik ist, wie die Materniaden beweisen, Neubeginn, aber als Nachfolgerin.

4.51 Das wird demonstriert am und durch das Autorenkollektiv.

5.o1 Der als fiktiver Fixpunkt des Erzählten und Koordinator im Kollektiv konstruierte Brauchsel wird nominiert als "der beweglichste Held" (S.28) des Romans.

5.o11 Der Name Brauchsel weist ihn aus als Gebrauchsgegenstand des Autors Graß, als Funktionsfigur.

5.o12 Eddi Amsel, Haseloff, Goldmäulchen, Brauchsel (mit seinen drei Schreibweisen) sind identisch, wenn identisch hier als einer Erlebnisebene und

Bewußtseinslage zugehörig verstanden werden darf, Identität als synthetisch geschaffen.

5.o13 Diese Namen nennen nicht mehr eine die HUNDEJAHRE durch- und überlebende private, persönliche Existenz, sondern deuten auf eine Existenzmöglichkeit, die der Autor Graß montiert.

5.o131 Der Vogelscheuchen bauende Halbjude Eddi Amsel, durch die brutalen Fäuste von neun SA-Männern ummontiert (65) in den Ballettmeister Haseloff-Goldmäulchen, nimmt als Bergwerksdirektor Brauchsel nach dem Krieg die Vogelscheuchenproduktion untertage wieder auf.

5.o132 Indem Brauchsel erzählend "Eddi Amsel, Haseloff, Goldmäulchen und so weiter"(S.28) mit dem Singular "ist unter allen Personen"(ebd.) zusammenfassen kann, markiert er die spezifische, synthetische Identität dieser Figur (66).

5.o133 Amsel, durch faschistisches Faustrecht zur Flucht aus seinem Atelier gezwungen, "versucht (...) für sich einen Namen zu basteln"(S.211); er wählt den Namen Haseloff (S.212).

5.o134 Haseloff wiederum, während er "einige seiner Goldzähne"(S.265) zeigt, ermahnt Harry Liebenau, sich den Namen Brauchsel zu merken "und seine drei Schreibweisen."(ebd.)

5.1 Zu diesem Sprachspiel mit den Personennamen gehört, daß sich Interesse des Lesers an und Wissen um Brauchsel nicht allein additiv vergrößern, vielmehr potenzieren.

5.11 Variation und Korrelation der Namen ermöglichen dem Autor Graß, seinen Autor Brauchsel mit den traditionellen Charakteristika der Erzählerrolle auszustatten: Ubiquität, Allwissen und damit scheinbare Omnipotenz.

5.111 Diese Merkmale aber, und das ist entscheidend, erscheinen nicht als freiweg erfunden oder freiwillig angenommen.

5.12 Brauchsels Mobilität und Variabilität sind Anzeichen für seine repressive Umgebung, Antwort auf Zwänge, Reaktion auf Pressionen, die dem Halbjuden Eddi Amsel angedroht oder angetan werden.

5.2 Der Autor Graß konstruiert folglich mit der Figur Brauchsel eine Art Seismograph, von dem die unterschwellig oder signifikant faschistischen Züge der ihn umgebenden Gesellschaft repräsentativ angezeigt werden.

5.21 Brauchsel ist nicht proteushaft im Sinne einer individuellen Qualität, sondern um sich dem Zwang und Zugriff seiner Umgebung zu entziehen.

5.22 Keine homogene Existenzmöglichkeit, die sich aus sich entwickelt, sondern eine bedrohte - und damit eine 'Existenzunmöglichkeit' - führt der Autor Graß vor.

5.221 Brauchsel-Amsel-Haseloff 'funktioniert' "kraft starken Willens und mehr noch aus ohnmächtiger Angst"(S.92).

5.3 Selbsterhaltungstrieb und Angst als Grundzüge

einer Figur, die der Autor Graß montiert, und mit der er den Bildungs- und Existenzbegriff klassischer Prägung für Zeit und Gegebenheiten der 'Hundejahre' ad absurdum führt.

5.31 Brauchsels, wie Materns (was noch zu zeigen ist), wie Oskar Matzeraths oder Mahlkes (worauf hier nur verwiesen sei) Existenz ist der bedingte Reflex auf ein bestimmtes Gesellschaftssystem.

5.311 Die Definition des bedingten Reflexes richtet sich hierbei nach der des Physiologen Pawlow.

5.312 Von daher bekommt der Titel HUNDEJAHRE eine weitere Dimension. Der scheinbar freie Brauchsel, ebenso Matern und alle anderen Figuren dieses Buches, außer Oswald Brunies, werden von einem System pervertiert, das die unbedingten Reflexe Hunger, Selbsterhaltungstrieb, Lust mit bedingten Reflexen wie Eigentumsanspruch, Aggression oder Konsumsucht koppelt. Ein System, das sich nach seinem völligen Zusammenbruch, der bedingungslosen Kapitulation, wieder regeneriert, und, einem nicht ganz beseitigten malignen Geschwür vergleichbar, stärker wuchert als je zuvor.

5.3121 Oswald Brunies, der sich diesem System und seinen Zwängen nicht ergibt, wird im KZ vernichtet. Ihm, als dem letzten Menschen - er bekommt den Beinamen "Original"(S.111), was hier beides: einzig und ursprünglich, nicht pervertiert, meint, ihm setzt das Autorenkollektiv ein Denkmal.

5.32 Was Pawlow im Tierversuch an Hunden erprobte,

demonstriert der Autor Graß an seinen Figuren: der bedingte Reflex, dem unbedingten vorgeschaltet, kann diesen schließlich ersetzen.

5.4 Der Mensch läßt sich pervertieren, umfunktionieren. Der Hund beim Autor Graß hat symptomatische Bedeutung.

5.5 "Der Hund steht zentral."(S.321), muß es darum heißen.

5.6 Eddi Amsel, das dicke Kind, der Halbjude, also das von gesellschaftlicher Norm abweichende Individuum, handelt nicht frei, auch nicht als Künstler.

5.61 Von den Gleichaltrigen schikaniert und isoliert, flüchtet er in eine Existenz, die die Gesellschaft dem durch sie als anomal bewerteten Individuum als Ausweg offeriert: die Künstlerexistenz.

5.611 Mit dem Taschenspielertrick: Kunst, Künstlerexistenz und künstlerische Freiheit, integriert diese Gesellschaft das von ihr isolierte Individuum, macht das Leiden und den Protest gegen die Pressionen zum Produkt mit Marktwert, pervertiert das Leid zur Ware.

5.612 Kunst, die Symptom und Gradmesser für Deformation und Perversion einer Gesellschaft ist, erhält so Warencharakter und wird systemimmanent, also ungefährlich.

5.613 Die Gefahr, die eine durch die Gesellschaft gefährdete und sich dieser Gefährdung bewußt gewordene Existenz für diese Gesellschaft bedeutet, wird so entschärft.

5.62 Die Gesellschaft macht sich sogar scheinbar zum Anwalt der Kunst, beschützt die von ihr verstümmelte Existenz: Walter Matern schützt "mit zwei Fäusten und einem schwarzen Hund weiterhin den Künstler und sein Werk"(S.41).

5.621 Faust und Hund, Pression und Deformation, spielen zugleich die Wärterrolle bei Unterdrückten und Verstümmelten.

5.6211 Der Teufelskreis dieses Systems erscheint ausbruchssicher.

5.63 Die Verstümmelung des Künstlers Eddi Amsel geht soweit, daß er die Verhaltensweisen des Volkes, "unter dem es zu leiden galt"(S.477), übernimmt, die Spielform Herr und Hund, Herr und Knecht, auf sein Verhältnis zu Matern überträgt.

5.631 Matern hat "nach Viehhändlermanier"(S.57) um den Preis der Kunstprodukte zu feilschen, sie zu verhökern.

5.6311 "Er geriet in Abhängigkeit. Amsel machte ihn zum Paslack. In kurzatmigen Revolten versuchte er auszubrechen. Die Geschichte mit dem Taschenmesser war auch solch ein ohnmächtiger Versuch" (S.57).

5.6312 Ohnmächtig beide, Herr und Knecht, der scheinbar freie Künstler, wie sein Bewacher und Sklave. In diesem circulus vitiosus ist jeder beides: Herr und Knecht, Opfer und Täter.

5.6313 Das ist das Höllische dieses Systems: die Verschmelzung von Ursache und Wirkung, die keine Kausalität mehr erkennen läßt, und darum keinen Ansatzpunkt i m System, von dem aus es aufzubrechen wäre.

5.7 Der freischaffende, bewachte Vogelscheuchenproduzent und Arbeitgeber Eddi Amsel hält "in freiwilliger Selbstkontrolle"(S.49) den Störfaktor seiner Kunst auf systemgerechtem Niveau.

5.71 Der Erkenntnis nämlich, daß seine Werke "nicht nur Macht über die Vögel unter dem Himmel hatten, sondern auch Pferden und Kühen, desgleichen dem armen Lorchen, also dem Menschen, die ländlich ruhige Gangart stören konnten (...) opferte Amsel eine seiner gelungensten Scheuchen" (S.48).

5.711 Das Paradoxe ereignet sich: freiwillig unterwirft sich der Künstler den Normen der zerstörenden und beschützenden, ihn isolierenden und integrierenden Gesellschaft, und zerstört über Nacht (S.48) ein Werk, das, Verwirrung stiftend, nicht nur eine erwünschte, und damit seine eigentliche Funktion hatte.

5.712 Selbstkritik und Selbstkontrolle, die säkularisierten Formen von Beichte und Absolution, halten die Kunst in den Grenzen des Systems, beugen seiner Gefährdung vor.

5.713 Beschützt, also Hofnarren (67), bleiben Künstler und Werk, solange sie Werkzeuge bleiben, die nicht gegen das System zeugen.

5.72 Sobald jedoch Amsels Produktion von naturalistisch, allegorisch oder metaphorisch zeitloser Unverbindlichkeit zur Reproduktion von SA-Männern wechselt, sobald die kurios-kunterbunt-ästhetische Kostümierung der Scheuchen den SA-Uniformen in "Braunauer Braun"(S.177) weicht, verwandeln sich die schützenden in schlagende Fäuste, montieren den integrierten Künstler und Villenbewohner Eddi Amsel in den proteus- und ahasverhaften Halbjuden um.

5.721 Solange der Künstler unverbindlich, will sagen frei, bleibt, solange er nur imitiert (68) und nicht zeitbezogen kritisiert, solange er also, sich im Kreis drehend, im Getriebe des Systems verbleibt, beschützen ihn jene durch Ambivalenz gekennzeichneten Fäuste, die ihn zerstören, wenn er zu stören beginnt.

5.722 Die Daumenschrauben an der Hand des Schaffenden bleiben gelockert, bis sich die Hände gegen die Schrauben erheben.

5.8 Der Autor Graß versieht die multiple Figur Brauchsel mit den klassischen Insignien künstlerischer Macht: Ubiquität, Allwissen und damit Omnipotenz, und erweist doch zugleich deren Ohnmacht in einer normierten und repressiven Gesellschaft.

5.81 Der konstruierte Mentor des Autorenkollektivs hält die Erinnerung an 'Hundejahre' wach, verhilft den Mitautoren zur Anamnese, und bleibt dennoch systembestimmt, systemimmanent.

5.811 Namenstausch und Ortswechsel täuschen nicht darüber, daß der Künstler Brauchsel nur reagiert auf Verfolgung und Pression, daß er als Kind in den FRÜHSCHICHTEN schon die von der Gesellschaft konzipierte Rolle übernimmt, Knecht und Herr in einem, daß seine Kunst Reagens zwar, aber ohne Störeffekt bleibt.

5.812 Brauchsel, ein Opfer des Faschismus, bleibt ohne Einfluß, Mitschreiber und Chronist der 'Hundejahre', der ihre Spuren in und an sich trägt.

5.9 Alle kunstfertigen Spiele des Autors Graß mit dieser Figur zeigen eine Existenzebene und Bewußtseinslage bedingter Reflexe und sind Reflexion zugleich über die Situation der Kunst in Landschaft und Zeitraum der HUNDEJAHRE.

6 Matern ist Phänotyp.

6.oo1 Der Autor Graß führt mit diesem Subjekt und Objekt des Erzählens eine Figur ein, deren Verhaltensweisen und Denkmuster wieder nicht als Darstellung einer singulären individuellen Existenz aufgefaßt, entschlüsselt und abgetan werden können.

6.oo2 Ebensowenig genügt zur Kennzeichnung dieser Figur das Adjektiv 'typisch', im Sinne biologisch-genetisch oder psychischer Grundtendenzen wie: Athlet, Pykniker, Leptosom, oder Sanguiniker, Choleriker, Melancholiker, Phlegmatiker - oder vital oder schwächlich.

6.oo21 Diese Typisierungen sehen einmal von den regulierenden oder deformierenden Umwelteinflüssen ab. Verwendet sie ein Autor, schafft er zwar stets 'lebensnahes' Personal von beruhigender Allgemeingültigkeit, rekonstruiert und kritisiert jedoch allenfalls ein individuelles Sein, vernachlässigend die Umstände, unter denen es existiert.

6.oo22 Zum anderen übersieht diese Typisierung das Menschenmögliche: die Konstitution zu überspielen oder tatsächlich zu modifizieren.

6.oo3 Genom und Peristase machen das menschliche Erscheinungsbild aus - den Phänotyp.

6.oo31 Matern wird vorgeführt nicht allein vom Genom her als vital-cholerischer Typ;

6.oo32 er ist nicht mutwillig erfundenes und beliebig ausstaffiertes Subjekt und Objekt eines herkömmlichen Erzählens;

6.oo33 an ihm erweisen sich vielmehr auch die peristatischen Einflüsse eines sich zum Faschismus entwickelnden, zum Faschismus bekennenden und den Faschismus vertuschenden Systems.

6.oo34 Matern steht wie Brauchsel im Zeichen von Pression und Deformation.

6.o1 Die Figur Matern - bezeichnet als Phänotyp - reicht somit in ihrer Bedeutung über den Bereich des Privaten und Persönlichen hinaus.

6.o2 Was Menschen verschiedenster Konstitution gemein haben in der Zeit der 'Hundejahre', demonstriert der Autor Graß an dieser Figur: den Einfluß eines sich selbst zerstörenden und regenerierenden Systems.

6.o21 Darum ist Matern nicht nur Typ, sondern Phänotyp.

6.o3 Wie der Autor Graß die 'Hundejahre' als Entwicklungslinie sieht und zeigt: "Am dunklen Anfang gab es, soll es, hat es im Litauischen eine Wölfin gegeben, deren Enkel, der schwarze Hund Perkun, zeugte die Hündin Senta; und Pluto deckte Senta; und Senta warf sechs Welpen, darunter den Rüden Harras; und Harras zeugte Prinz; und Prinz wird (...) Geschichte machen"(S.55(7o));

6.o31 bringt er bewußt auch Materns Genealogie ins Spiel.

6.o311 Matern, wird damit deutlich, ist kein Sonderfall, kein toter Ast im Stammbaum der Familie - Matern steht in einer Reihe seiner Vorfahren, mutiert und deformiert von den Grundübeln des Systems, in dem sie alle leben, den Grundübeln: Kapitalismus und imperialistische Interessen.

6.o312 Der Großvater der Großmutter Walter Materns, August Matern, unterhält während der Belagerung Danzigs 1815 ein "Doppelgeschäft"(S.18): "einerseits begann er, gegen gute Konventionstaler, im Frühjahr Sturmleitern herzustellen; andererseits wußte er, gegen Laubtaler und noch bessere Brabanter Währung, in eingeschmuggelten Briefchen dem General Graf d'Heudelet mitzuteilen, daß es doch merkwürdig sei, wenn die Russen im Frühjahr, da man noch keine Äpfel ernten könne, Leitern in Menge herstellen ließen."(ebd.)

6.o313 August Matern profitiert von den imperialistischen Interessen der Franzosen, Preußen und Russen - schlägt aus ihnen Kapital.

6.o314 Seine Existenz wird von den politischen Umständen bestimmt, ist systembedingt wie sein Handel und sein Handeln, dem nicht mehr die persönliche Entscheidung für etwas vorausgeht, das vielmehr ein Lavieren zwischen Interessenkonflikten und innerhalb machtpolitischer Konstellationen ist.

6.o315 Der Mühlenbesitzer und Spekulant August Matern entwirft sich nicht mehr seine eigene Existenz, sondern paßt sie den Gegebenheiten an.

6.o316 "Der Katholizismus der Maternschen Familie war, wie es sich bei einer Müllerfamilie gehört, vom Winde abhängig"(S.19).

6.o317 So verliert der Einzelne sein individuelles Gepräge. Er wird reduziert auf die Reproduktion des Systems.

6.o318 Nicht mehr er ist das Modell der Gesellschaft, sie modelliert ihn.

6.o319 Franzosen, Preußen und Russen werden von Matern unterstützt, weil es ihm nützt. Wie schädlich das sein kann, erfährt er noch nicht.

6.o32 Das erlebt Walter Matern; denn er ist Täter und Opfer der vom System erzwungenen Taten.

6.o321 Wie sein Vorfahr August Matern handelt er 'einerseits-andererseits': beschützt "seinen Freund, den Halbjuden Eddi Amsel, einerseits vor den Hänseleien unwissender Kinder"(S.45o) und beschimpft "ihn andererseits gelegentlich verletzend (...), indem er ihn als einen 'Itzich'"(ebd.) bezeichnet.

6.o322 Die Ambivalenz, das Einerseits-Andererseits seines Handelns weisen Matern als systembestimmt und systemgeschädigt aus.

6.o3221 Nur so, zwiespältig, angepaßt, deformiert ist es möglich, die Pressionen des Systems abzufangen; überleben und vegetieren können nur die "Maternoiden"(S.417) unter solchen Umständen, in solchem System.

6.o33 Anpassungsfähig heißt offen nach allen Seiten sein, sich ohne ersichtlichen Widerstand Umständen, Notwendigkeiten, Befehlen - also 'Realitäten' beugen.

6.o331 Erlaubt, weil nicht überprüfbar, wirkungslos und erneuter Anpassung dienlich, ist allenfalls die "ennere Emikratzjon"(S.41o), wie Jochen Sawatzki, einer von Materns SA-Kumpanen, das nennt.

6.o3311 Durch den Dialektgebrauch wird vom Autor Graß ein Wortspiel mit dem Verb 'kratzjon' erzielt, was etwa soviel heißt wie 'auskratzen', 'sich entziehen'. 'Innere Emigration' wird so auch charakterisiert als ein sich seiner Verantwortung entziehen.

6.o3312 Zudem suggeriert die Möglichkeit 'Innere Emigration' dem Individuum Gedankenfreiheit, eine diesem System ungefährliche, fast nützliche Freiheit; denn sie rechtfertigt dem Einzelnen die perversesten Fehlleistungen, kann er doch unter 'innerem Protest' den Befehlen Folge leisten, Schuld und Verantwortung aber auf den anonymen Befehlshaber abwälzen.

6.o3313 In diesem System, in dem seit Generationen die Materns und wie sie sonst heißen, leben, hat persönliche Schuld, hat persönliches Schuldgefühl keinen Raum.

6.o3314 Dem anpassungsfähigen und als Produkt des Systems angepaßten, formierten Individuum werden Denkmuster, Verhaltensweisen und Zielvorstellung je nach gängiger und propagierter Ideologie austauschbar.

6.o332 Diese dauernde Transformation der Gesinnung wird zur Transsubstantiation des betroffenen Menschen, das sagt, sie ändert ihn qualitativ.

6.o3321 Qualitativ meint, daß das menschliche Merkmal der existentiellen Eigenständigkeit verschwindet. An seine Stelle tritt die Präformation von Gedanken, Wünschen und Gefühlen nach der Fertigbauweise irgendeiner dem System zuträglichen Ideologie.

6.o3322 Diese Präformation und Normierung sublimiert die menschliche Existenzangst, gaukelt eine risikolose Existenz vor, indem systemgerechtes Verhalten ein unbehelligtes Dasein verspricht.

6.o333 Auch Kritik und Protest können, je nach Spielart des totalen und/oder totalitären Systems umfunktioniert werden in systemerhaltende Tätigkeiten.

6.o3331 Der Verdauungsapparat des Systems erweist sich dann als so vollkommen, daß er sogar ihm zugedachten Gift einen Nährwert abgewinnt.

6.1 In solch einem System, zeigt der Autor Graß, leben die Materns seit Generationen.

6.11 Pression und Deformation haben die Menschen zu Systemteilen verkommen lássen.

6.111 Der Unterschied zwischen Brauchsel-Amsels, Materns oder Liebenaus Deformation ist allenfalls graduell; die Deformation selbst steht außer Frage.

6.112 Was sich an August Matern zeigen ließ, trifft auch den Vater des Künstlers Eddi, den Händler und Juden Albrecht Amsel.

6.113 Dieser Vater "hatte sich vierzehn Jahre lang mit dem Vergessen seiner Herkunft und nur nebenbei, aber genauso erfolgreich, mit dem Zusammentragen eines gutevangelischen Vermögens beschäftigt."(S.31)

6.1131 Vergessen der Herkunft und Zusammentragen von Vermögen sind als gleichläufig gekoppelt.

6.1132 Das Vergessen der zur Einzelpersönlichkeit gehörigen Eigenschaften (Herkunft, Erlebnisse etc.) und/oder ihr Verdrängen und das Horten von und Abhängigwerden vom Kapital entfremden den Menschen sich selbst.

6.11321 Die Erzählintention der HUNDEJAHRE: zu erinnern das und an das, was alle vergessen wollen, wird erneut einleuchtend.

6.1133 Erweitert wird diese Intention durch das Aufdecken anderer Deformationsfaktoren.

6.11331 Dazu gehört das 'Geschäftemachen', wie sich an August Matern, Albrecht und Eddi Amsel zeigt.

6.12 Dazu gehören auch Anpassung und Integration, die weiter gehen, als es soziale und gesellschaftliche Gegebenheiten erfordern - sie werden zur Selbstverleugnung und Selbstentfremdung.

6.121 Dieses System, das 'den Anderen' als von der Norm abweichend, sprich entartet, bekämpft und Alternativen unterdrückt, zwingt den in ihm Lebenden, sich jeder Abweichung von der Norm zu schämen.

6.122 Albrecht Amsel liest in Otto Weiningers Buch GESCHLECHT UND CHARAKTER im Kapitel über 'Das Judentum': "der Jude hat keine Seele. Der Jude singt nicht. Der Jude treibt keinen Sport. Der Jude muß das Judentum in sich überwinden"(S.31).

6.1221 "Und Albrecht Amsel überwand, indem er im Kirchenchor sang, indem er den Turnverein Bohnsack 05 e.V. nicht nur begründete, sondern sich entsprechend gekleidet in die Turnriege stellte (...) und (...) das Schlagballspiel, eine verhältnismäßig junge Sportart, links und rechts aller drei Weichselmündungen beheimatete."(S.31f.)

6.123 Nach der Deformation seiner Mneme und der Wucherung seines Besitztriebes, verkehrt Albrecht Amsel alle ihm a priori zugeschriebenen Eigenschaften in ihr Gegenteil, um durch systemkonformes Verhalten seine Existenz zu rechtfertigen und zu sichern.

6.124 Albrecht Amsel handelt unter Systemzwang; wird Sänger und Turner aus Angst, 'anders' zu sein.

6.125 Kapital, Kirche und Verein sind die Dreieinigkeit, die ihm die Anpassung durch Verkehrung und Verlust seiner Individualität ermöglichen.

6.126 Noch vor der "Zeit der scharfen Gesetze"(S.32) muß der Jude Albrecht Amsel vergessen und verbergen, was er ist. Seine Deformation durch die Pressionen der Umgebung geht soweit, daß zwanghaftes als spontanes Handeln erscheinen kann: er singt und turnt nach außen hin scheinbar von sich aus, freiwillig.

6.1261 Verkehrt, verstellt und verkleidet ist der Schneidersohn Albrecht Amsel 'seinem' System die Schneiderpuppe, der normgerechtes Verhalten angepaßt wird; einem System, dessen Modell nicht der Mensch ist, das den Menschen modelliert, manipuliert und deformiert.

6.1262 Die Teile dieses Systems haben nur noch entfernte Ähnlichkeit mit dem, was ein Mensch sein könnte.

6.127 Von daher gewinnt ein Satz Klarheit und Bedeutung, der sonst den fatalen Beigeschmack tiefsinniger Sentenz hätte: "Die Vogelscheuche wird nach dem Bild des Menschen erschaffen."(S.32)

6.2 In diesem System, unter diesen Menschen, in dieser Ahnenreihe kann Walter Matern gelten als Phänotyp;

6.21 Matern, von dem es heißt: "Ein leerer Schrank voller Uniformen jeder Gesinnung. Ich war rot, trug braun, ging in Schwarz, verfärbte mich: rot. Spuckt mich an: Allwetterkleidung, verstellbare Hosenträger, Stehaufmännchen läuft auf Bleisohlen, oben kahl, innen hohl, außen mit Stoffresten behängt, roten braunen schwarzen"(S.38o).

6.211 Sich verfärben, sich verstellen, sich verkehren bilden eine Aktionsreihe, bezeichnen ein Verhalten von Anpassung und Selbstschutz; um sich nicht von der Umwelt abzuheben, spielt und wird man schließlich Chamäleon, verfärbt sich Matern.

6.212 Gesinnung wird ihm austauschbar wie Kleidung. Sich verkleiden, sich verfärben: sich tarnen, sind Synonyma für 'überleben in diesem System', das unter wechselnden Ideologien seine faschistischen, kapitalistischen und imperialistischen Tendenzen beibehält.

6.213 Weder der provozierte und verlorene Erste Weltkrieg, noch der provozierte und verlorene Zweite Weltkrieg ändern etwas daran.

6.3 Auch das Sendungsbewußtsein dieser mitteleuropäischen Nation nistet hartnäckig in ihrem Phänotyp.

6.31 Dieses Sendungsbewußtsein tobte sich von 1914 bis 1918 mit 'Gott mit uns' auf dem Koppelschloß und FAUST im Tornister aus.

6.311 An den Zweiten Weltkrieg wird Matern erinnert: "Du warst auch dabei, mein Lieber. Mach Dir nichts vor (...) Scheiße verdammte. Nach Ostland wollten wir mit Hölderlin und Heidegger im Tornister."(S.35o) Gott zierte neuerlich das Koppelschloß, Adler und Hakenkreuz umrandend.

6.32 Doch Matern macht sich etwas vor und läßt sich etwas vormachen. Lebenslang.

6.321 Denn er, der seinen Freund mit Fäusten schützt und schlägt,

6.3211 der Hunde liebt und Harras vergiftet,

6.3212 der von der KP zur SA wechselt und dann wieder wird, "was er vergessen hatte, doch von der Taufe her war: katholisch. Dabei half ihm der Alkohol"(S.213),

6.3213 der - selbst ein Schuldiger - sich zum Richter macht,

6.322 dieser Matern reist in 'theatralischer Sendung' und in Sachen Rache durchs Nachkriegsdeutschland.

6.33 Matern ist Phänotyp.

6.331 Denn in der Gesellschaft, in dem System, in dem er lebt, haben Schuld und Schuldgefühl keinen Raum.

6.332 Die Schuld, die alle vergessen wollen, wird nach der bedingungslosen Kapitulation entpersonalisiert zur Kollektivschuld, die nunmehr alle meint und keinen trifft.

6.333 Das Schuldgefühl, verwandelt in Rache, macht Matern zum Missionar der Abrechnung mit den vielen kleinen Mittätern und Mitläufern.

6.334 Die Deformation des Phänotyp Matern zeigt sich auch hier: sein begründetes Schuldgefühl richtet sich als Rachsucht gegen andere. Rache als Sühne gaukelt Wiedergutmachung vor, wo es nichts wiedergutzumachen gibt, allenfalls erneutes Unheil zu verhindern wäre.

6.335 Fehlhandlungen und Fehlentwicklungen kann der Mensch nur reduzieren, indem er seine Erfahrungen produktiv macht, das meint, indem er sich die Erinnerung an eigene und gesellschaftliche Fehler wachhält.

6.3351 Genau das vermeidet Matern, sieht das "Vergessen als produktive Tätigkeit."(S.411)

6.336 Matern, der faschistische Entwicklungen erfuhr und erfährt, vergegenwärtigt nicht Vergangnes, sieht nicht die Transfusion des Vergangnen in Gegenwärtiges.

6.337 Er rekapituliert nicht - auswertend - Geschehenes, er denunziert es.

6.4 Geschichte zu rekapitulieren und daraus gewonnene Erfahrung zu verwerten für künftiges Verhalten und Handeln, erfordert ein hohes Maß an Verantwortungsbewußtsein und intellektueller Eigenleistung.

6.41 Vor allem aber den Verzicht auf ein a priori Kausalitätsdenken oder den Glauben, jedes System tendiere automatisch zur Ordnung, Ordnung sei etwas natürliches und notwendiges, und Mensch und/oder Gesellschaft seien nur geordnet, normiert und formiert zu denken und annehmbar.

6.411 Es ist ein Merkmal faschistischer Systeme und faschistischen Verhaltens, daß die Tatsache der Entropie aus Bewußtsein und gesellschaftlichem Leben verdrängt werden soll.

6.412 Von Physik und Kybernetik her gilt: "Es ist also ein allgemeines, übrigens auch aus der alltäglichen Erfahrung bekanntes, Prinzip der Natur: Unordnung ist wahrscheinlicher als Ordnung, die Unordnung nimmt von allein zu."(71)

6.4121 Dies Prinzip der Natur versucht der Faschismus zu überspielen, indem er dem durch immer neue eigenständige und eigenverantwortliche Entscheidungen scheinbar überforderten Individuum eine vorgefertigte Ordnung anbietet.

6.4122 Hilfsmittel sind dabei Partei und Ideologie als präformierte Meinung, der totale Staat als

Ordnungsmacht und das Militär als Garant der unmenschlichen Harmonie.

6.4123 Auch Religion und Kirche müssen zu Handlangerdiensten herhalten: sie installieren die Kausalität von Gott und Welt, Gesetz und Gehorsam, Vergehen und Beichte, Schuld und Sühne, Führer und Geführten.

6.42 Ordnung und Gesetz werden die widernatürlichen Götzen dieses Systems; wer sich gegen sie versündigt, wer anders ist, den trifft die Rache aller, der wird ihnen geopfert.

6.421 Die Rache wird zu Bindeglied und Bindemittel faschistischer Gesellschaft, zum Ventil für die aufgestaute, weil verleugnete Unordnung.

6.422 Der gemeinsame Nenner, auf den das System seine heterogenen Teile bringt, ist der Andre als der Feind, das Erbübel.

6.43 Der Faschismus, das faschistoide System, offerieren sich dem Individuum als 'Tranquilizer', der über die aus der natürlichen Unordnung resultierende Existenzangst hinwegtäuscht.

6.431 Für das Individuum bekommt so der Faschismus den Charakter einer Droge, der es verfällt, und deren verheerende Nebenwirkungen ihm im Ordnungsrausch verborgen bleiben.

6.4311 Der Süchtige kann den Funktionsverfall seines Organismus nicht kontrollieren, geschweige denn aufhalten. Ohne fremde Hilfe ist die Katastrophe, die 'bedingungslose Kapitulation' notwendige Folge.

6.5 Matern, Phänotyp des von diesem System deformierten und ihm verfallenen Einzelnen, der "voller Chaos ist"(S.412), kapituliert vor dem Chaos, münzt es nicht persönlichkeitsbildend um, integriert seine Unsicherheit, Unruhe und Unordnung nicht in sein persönliches und soziales Verhalten, bringt vielmehr sein inneres "Kuddelmuddel"(S.495) in Partei, SA, Sportverein oder Kirche ein.

6.51 Er sucht Hilfe dort, wo ihn nur Täuschung erwartet.

6.52 Weil er in den Phasen der Ernüchterung die Gefährlichkeit der Droge erkennt, wird er zum Menschen des 'Einerseits-Andererseits'. Hassend die Droge, doch abhängig von ihr.

6.521 Sein Leben ist die systembedingte Regression der Persönlichkeit: den einzigen Freund vertreibt er mit Fäusten, Schuldgefühl zerfällt ihm zu Rachsucht, er sieht das "Vergessen als produktive Tätigkeit"(S.411), und sogar die erotische reduziert sich ihm zur allein sexuellen Erfahrung.

6.53 Matern, den der Autor Graß mit "Betonung auf der letzten Silbe"(S.1o) haben will, war ein in Ost- und Westpreußen weitverbreiteter, geradezu typischer Familienname.

6.6 Matern ist Phänotyp für Generationen.

7 Mit dem 'Schlußmärchen' im mittleren Buch des

Romans revidiert der Autor Graß die LIEBES-BRIEFE des Harry Liebenau.

7.o1 Diese Revision ist - nach Form und Intention - notwendiges Pendant zu den Briefberichten des von Brauchsel und dem Autor Graß examinierten Mitautoren Liebenau.

7.o2 Liebenau wird von Matern als "Scheißer mit (...) Schubkästengedächtnis"(S.419) bezeichnet, der "mehr Fakten zum Thema Matern gesammelt (hat), als Matern ihm aus dem Ärmel schütteln könnte"(S.42o).

7.o21 "Kein Thema, zu dem ihm nicht Fakten einfallen: Proust und Henry Miller; Dylan Thomas und Karl Kraus; Adornozitate und Auflageziffern; Detailsammler und Bezügesucher; Abstandnehmer und Kernbloßleger; Archivschnüffler und Milieukenner; weiß, wer links steht, und wer rechts geschrieben hat; schreibt eigenhändig kurzatmig über die Schwierigkeiten beim Schreiben; Rückblender und Zeitaufheber; Infragesteller und Klugscheißer; aber kein Schriftstellerkongreß ohne sein Formuliertalent Nachholbedürfnis Erinnerungsvermögen."(S.419)

7.o22 Zugegeben: Materns Aversion erklärt sich aus seiner Angst vor dem Faktenwissen Liebenaus und der begründeten Furcht, von ihm entlarvt zu werden.

7.o23 Treffend charakterisiert von Matern wird jedoch Liebenaus ungebrochenes und unverbindliches Verhältnis zu Sprache und Geschichte - trotz oder gerade wegen seiner intellektuellen Sprach- und Formspiele.

7.o24 Liebenau erzählt seinen Part des Buches wie von Brauchsel gewünscht in der Briefform; zwar ist sie ihm lästig als der "formale Spazierstock" (S.1o7), dennoch handhabt er sie mit der Finesse des routinierten Schreiberlings: weil er sie formal beherrscht, kann er sie formal in Frage stellen, spielerisch und gekonnt variieren.

7.o25 Dem Mitautor Liebenau ist alles erzählbar: Tullas Hundehüttentage oder die Deportation von Oswald Brunies ins KZ Stutthof, die Eiskellernacht mit Jenny oder der mißglückte Besuch beim Führer, die Tauwetterepisode oder die Verwandlung von Stutthof, das "ein reiches Dorf"(S.243) war, aber "zwischen neunzehnhundertneununddreißig und neunzehnhundertfünfundvierzig starben im Konzentrationslager Stutthof, Kreis Danziger Niederung, Menschen, ich weiß nicht, wie viele."(ebd.)

7.o251 Dieser Schreiber und seine Sprache können eine ausgefeilte Periode, sauber zäsiert durch Kommata, wohlinformiert ("Kreis Danziger Niederung") enden lassen in lockerem Rhythmus - mit dem Mord an "Menschen, ich weiß nicht, wie viele."

7.o252 Alles einebnend in kontinuierlichem Praeteritum wird dieses Erzählen gefährlich. Gefährlich, weil der Rhythmus den Mord vernebelt und das sprachliche Können eines Harry Liebenau die Verbrechen und Leiden eines Volkes zu Randerscheinungen und Anlässen seiner Erzählkunst degradiert.

7.o26 Aus diesem Grund kann Walter Jens sagen: "zerfällt (...) der zweite Teil in aneinander gereihte Episoden, die genauso gut um zwanzig Etüden vermehrt oder gekürzt werden könnten." (73)

7.o261 Jens freilich sieht darin einen Qualitätsabfall des Romans, ohne zu bemerken, daß der Autor Graß damit ganz beträchtliche Information vermittelt.

7.o262 Denn durch die Beliebigkeit seines Erzählens, die perfektionistische Form und immer intakte Sprache wird Liebenau bloßgestellt als wohlinformierter und wohlformulierender Ästhet, dem über Sprachartistik und Form das Material belanglos und nebensächlich wird.

7.o263 So, demonstriert der Revisor Graß, kann man weder nach, noch über Stutthof und Auschwitz und Dachau und Sachsenhausen schreiben.

7.1 Deshalb schneidet der Autor Graß dem als Demonstrationsfigur erfundenen Mitautor Liebenau das Wort ab, setzt gegen die redselig-beredten LIEBESBRIEFE das straff komponierte 'Schlußmärchen'.

7.11 Liebenaus Opus und des Autor Graß Revision, dem Leser gleichermaßen zugänglich, ergeben einen Informationsgewinn.

7.111 Ohne das 'Schlußmärchen' verlöre der Roman im Mittelteil seine Intention: zu erinnern, was alle vergessen wollen, zu zeigen auf das, was alle übersehen wollen; weil Sprache und Form der LIEBESBRIEFE Vergessen und Ablegen ins 'Schubkästengedächtnis' gerade Vorschub leisten.

Ohne den Kontrast der LIEBESBRIEFE verminderten sich Stichhaltigkeit und Schärfe des 'Schlußmärchens', in dem der Revisor alles Erzählte erneut erzählt, demonstrierend, wie Hitlerära und Zweitem Weltkrieg erzählerisch beizukommen ist.

7.12 Der Autor Graß legt seine Kritik an liebenauscher Artistik im 'Schlußmärchen' offen: "Geschichte ereignet sich im Januar Februar März; er aber sucht nach zeitlosen Worten für Tulla. (...) Tagsüber tausend amerikanische Bomber gegen Ziele im Raum Paderborn, Bielefeld, Koblenz, Mannheim; er, ungerührt, liest Löns, der seinen Briefstil prägt und das angefangene Tullagedicht violett färbt."(S.3o5)

7.121 Gegen Sehschwäche und sprachliche Unschärfen setzt der Revisor genaue Optik und sprachliche Präzision.

7.122 Mit Heidegger, Hölderlin oder Löns im Tornister schickt das Volk der Dichter und Denker seine Soldaten in mörderischen Krieg.

7.123 Die Kultur und der Kult des Mystischen und Schönen haben diese Soldaten soweit verbildet, daß sie angesichts Mord und Zerstörung nach 'zeitlosen Worten' suchen.

7.124 Die seherische Blindheit, die ein Hölderlin: "Ich spreche Mysterien, aber sie sind."(74) bei der kriegführenden mitteleuropäischen Nation begünstigen konnte, diagnostiziert der Autor Graß.

7.13 Was ist, hat mit Mysterien nichts mehr zu tun, auch wenn es zum Mystifizieren verleitet:

7.131 beispielsweise Liebenau, den die Sicht des 'Schlußmärchens' einfängt als Gymnasiasten, "der den Führer, Ulrich von Hutten, den General Rommel, den Historiker Heinrich von Treitschke, Augenblicke lang Napoleon, den schnaufenden Schauspieler Heinrich George, mal Savonarola, dann wieder Luther und seit einiger Zeit den Philosophen Martin Heidegger verehrte."(S.279)

7.132 Wohlversehen mit diesen kulturellen Ornamenten werden schließlich noch Schuljungen in den Krieg gehetzt, die nicht sehen können, was ist und was sie zu tun gezwungen sind, weil ihnen ein gymnasialer Mischmasch aus Führermythos, Humanismus, Heldenepos, Rassentheorie, Eroberungswahn, Religion und philosophischen Tautologien die Augen verklebt.

7.1321 Also geblendet spricht Liebenau Mysterien:

7.1322 "Mit Hilfe dieser Vorbilder gelang es ihm, einen tatsächlichen, aus menschlichen Knochen erstellten Berg mit mittelalterlichen Allegorien zuzuschütten. Er erwähnte den Knochenberg, der in Wirklichkeit zwischen dem Troyl und dem Kaiserhafen gen Himmel schrie, in seinem Tagebuch als Opferstätte, errichtet, damit das Reine sich im Lichten ereigne, indem es das Reine umlichte und so das Licht stifte."(S.279)

7.133 Derartige Sehschwäche ist Folge einer Verbildung. Gymnasium und Universität waren der Nazi-Ideologie zu Diensten, schöpften aus dem

Reservoir abendländischer Kultur, verhalfen Mord- und Kriegslust zu Ansehen und Recht durch Geschichtsklitterung und Eklektizismus.

7.134 Ein Harry Liebenau, gymnasial verbildet, beweist sein deformiertes Wahrnehmungsvermögen, wenn er, die reimende und raunende Diktion seines Vorbildes nachahmend, ein KZ zur Opferstätte stilisiert.

7.2 Da muß der Autor Graß revidieren.

7.21 Nicht, daß er Heidegger tätliche Schuld unterstellte. Weil aber zu einer Zeit, als es Aufgabe von Denker und Sprache gewesen wäre, Haß und Verbrechen anzuprangern, Denker und Sprache zu Hehlern wurden, indem sie sich in philosophische Ferne und auf etymologisch nicht immer begründbare Ur-Bedeutungen der Sprache zurückzogen - wurde der faschistischen Sprachregelung und den nazistischen Euphemismen Hilfestellung geleistet.

7.22 Sprache und Kultur waren keine Dämme gegen das faschistische System, wurden mitgerissen in seinen Sog und ließen sich mitreißen.

7.221 Walter Jens weist die Angriffe auf Heidegger zurück mit der Bemerkung (75), Heidegger habe noch unter Hitler den Mut besessen, seinem Lehrer Husserl in einer Fußnote(!) Dank und Verehrung zu erweisen. Freilich, in der Ausgabe von 1941, die "Unveränderte 5. Auflage" genannt ist, fehlt die dem Buch SEIN UND ZEIT beim Erscheinen vorangestellte Dedikation an Husserl. Genau diesen 'Fußnotenmut' und die gefährliche Sprachalchimie greift der Autor Graß auf und an.

7.23 Obwohl der Autor des 'Schlußmärchens' aus dem Tagebuch Harry Liebenaus zitieren kann, daß dieser nach seinem ersten Kriegserlebnis feststellt: "Löns und Heidegger irren in vielen Dingen"(S.307),

7.24 obwohl Liebenau zu Beginn der LIEBESBRIEFE "einen richtigen reimlosen Roman"(S.107) ankündigt,

7.25 ist der Erzähler im Autorenkollektiv seiner Aufgabe nicht gewachsen.

7.3 Die Briefform verleitet Harry Liebenau zu einer Privatisierung, die die geschichtlichen Konturen des Erzählten zur Rahmenhandlung seiner Tulla-Sehnsucht werden läßt.

7.31 Hitler-Regime und Kriegsbeginn mißraten ihm zum Kolorit seiner Jugenderinnerungen, deren Rhythmus und Redefluß auch dann nicht ins Stokken geraten, wenn vom Knochenberg des KZ Stutthof zu berichten ist.

7.32 Liebenaus beliebig dehnbares oder zu kürzendes Erzählen gibt sich dennoch dem Geschehenen auch nicht so bewußt unangemessen, daß diese Inkongruenz auf sich selbst aufmerksam machte, und damit kritisch distanzierte Rezeption hervorriefe.

7.4 Das bewirkt erst das 'Schlußmärchen'.

7.41 Anders gesagt: Liebenaus Part provoziert den Gegenpart.

7.5 Der Bruch im zweiten Buch des Romans, die Polarität von Briefen an Tulla und 'Schlußmärchen', zeigen, wie schon das Erzählkollektiv, daß der Autor Graß das dialektische Korrektiv jeweils in das Erzählte der HUNDEJAHRE einbaut.

7.51 Das 'Schlußmärchen' wird zur formal und sachlich notwendigen Kontradiktion und Revision.

7.52 Die konsequente Inkongruenz der Märchenform hat einen Mehrwert an Information, weil das formelhafte (76) 'Es war einmal' dem, was war, augenfällig widerspricht.

7.521 Dem Erzählen des Autors Graß eignet damit das, was die Kybernetik zur Grundlage von Information bestimmt: die Signale müssen danach zumindest einen gewissen Überraschungswert besitzen, zu einem gewissen Teil unerwartet sein, denn "das Erwartete enthält keine Information, weder im alltäglichen noch im strengen Sinne des Begriffes."(77)

7.522 Diesen Überraschungswert erreicht der Autor Graß durch die inkongruente Darbietung von Geschichte und Geschichten;

7.523 inkongruent meint: er überzieht den praeteritalen Ton der LIEBESBRIEFE so sehr, daß sich durch diese verzerrte Optik, dem Hohlspiegel vergleichbar, ein überdeutlich bloßstellendes Bild ergibt, das durch den Vergleich mit Erfahrung und Erwartung des Lesers eine Korrektur, damit aber auch eine Eigenleistung des Wahrnehmenden erfordert: der Leser muß Verzerrung und Wirklichkeit auf ein Gleichgewicht einpendeln, also das Erzählte prüfen;

7.524 inkongruent meint: nichts dem Märchen Eigentümliches geschieht im 'Schlußmärchen', keine wunderbaren Mächte greifen in das Schicksal von Volk und Führer ein, die Guten werden nicht belohnt, die Bösen nicht bestraft, der Zusammenbruch wird nicht verhindert;

7.525 inkongruent meint: was dieses Märchen erzählt, geschah, so oder ähnlich, der Autor Graß bedient sich einer "Tatsachenphantasie"(78);

7.526 inkongruent meint: Erfundenes und Empirie werden zum Zitierbaren;

7.527 inkongruent meint weiter: der Autor Graß entlarvt, sie rezitierend, die Bewußtseinslage, in der heute schon jüngste und brutale Vergangenheit gedacht, geschrieben und gesprochen wird: weit fortgerückt ins unbestimmte 'Es war einmal';

7.528 inkongruent meint auch: den weitschweifigen Briefen macht der Autor Graß mit dem straff komponierten 'Schlußmärchen' ein Ende.

7.6 Die strenge Form für diese Komposition entlehnt der Autor Graß dem Bauschema einer Fuge.

7.61 Das Thema, Zerfall und Zerstörung, Pression und Deformation, tritt nacheinander mit den verschiedensten Figuren und Ereignissen auf und wird gegen das schon einmal Erzählte gesetzt.

7.62 Vorgetragen wird als Thema die 'Reinheitselegie' mit der Antwort: "Aber nichts ist rein."(S.265) Durchgeführt im immer erneuten 'Es war einmal' leitet der Autor Graß zur Engführung am Ende, die die Themaeinsätze dicht hintereinander bringt:

7.621 "Zurück bleiben Knochenberge, Massengräber, Karteikästen, Fahnenhalter, Parteibücher, Liebesbriefe, Eigenheime, Kirchenstühle und schwer zu transportierende Klaviere.
Nicht bezahlt werden: fällige Steuern, Raten für Bausparkassen, Mietrückstände, Rechnungen, Schulden und Schuld.
Neu beginnen wollen alle mit dem Leben, mit dem Sparen, mit dem Briefeschreiben, auf Kirchenstühlen, vor Klavieren, in Karteikästen und Eigenheimen. Vergessen wollen alle die Knochenberge und Massengräber, die Fahnenhalter und Parteibücher, die Schulden und die Schuld."(S.317)

7.63 Mit dem Widerspruch gegen Liebenaus Begründung für den KZ-Knochenberg ("damit das Reine sich im Lichten ereigne"(S.279)) setzt das 'Schlußmärchen' ein.

7.64 Nicht für anorganische Substanzen, nicht für organisches Leben, nicht für Religion oder Ideologie läßt der Autor Graß das Attribut 'rein' gelten.

7.65 Nichts in einer durch Pression und Deformation zerfallenden und zerfallenen Welt kann rein sein.

7.66 Auch das Erlösermotiv - ein Reiner macht alles rein - wird abgelehnt: "Jesus Chritus nicht rein."(S.266)

7.661 Denn, so schließt die bittere Logik mit einprägsamem Rhythmus (79), wäre auch nur irgendetwas rein, müßten auch die zur Seifenproduktion ausgelaugten und zur "Pyramidenherrlichkeit"(S.266) des Faschismus geschichteten Menschenknochen rein sein.

7.662 Möglich wäre allenfalls im Märchen das Reine. Doch auch hier widerlegt das 'Schlußmärchen' sich selbst.

7.663 Die Heideggersprache spricht dem Reinen Hohn, auch wenn sie es zu 'gründen' versucht; denn die "ontologische Differenz"(S.277) zwischen einem Knochenberg und der im Heideggerjargon gegebenen Definition dafür: "Hier ist Sein in Unverborgenheit angekommen"(S.275), springt ins Auge.

7.664 Kappt man das Praefix 'ver', verkappt sich Vernichtung zu "Nichtung"(S.275), und doch ändert das nichts daran, daß auf dem "Gelände der Nichtung"(ebd.) Stutthof Menschen vernichtet werden.

7.665 Des Philosophen Sprache und Mythologeme helfen decken und verdecken, was in Sein und Zeit der HUNDEJAHRE getan wird und geschieht.

7.7 Die konsequente Inkongruenz, mit der der Autor Graß im 'Schlußmärchen' vorgeht, ist Mittel, an das zu erinnern und das ins rechte Licht zu rücken, was alle verdrängen und vergessen wollen.

7.71 Eindeutig wird die Deformation einer Welt,

7.711 in der ein Knochenberg Opferstätte genannt werden kann;

7.712 in der ein Attentat mißglückt, weil der Attentäter "kein Attentäter von Beruf war"(S.293), was impliziert, daß diese Welt Berufsattentäter braucht;

7.713 in der sich Harry Liebenau nach dem mißglückten Attentat auf den Führer "Sorgen um den Hund Prinz"(S.295) macht;

7.714 in der Zusammenbruch und Kapitulation eines Volkes nebensächlich erscheinen können, verglichen mit der Desertion des Führerhundes Prinz (S.3o8);

7.715 in der angesichts der Niederlage der Führer noch immer befiehlt, obgleich niemand mehr folgen kann, denn: "Die Angst ist da. Die Angst verschlägt uns das Wort. Ende."(S.311)

7.8 Nicht mehr Wundersames erzählt das 'Schlußmärchen', sondern das Unfaßliche: den Endsieg faschistischen Wahnsinns über Mensch und Gesellschaft.

7.9 Nicht das gewohnte und gekonnte Erzählen eines Harry Liebenau kann das Schreckliche fassen und erinnern, sondern die in Perspektive und Form konsequente Inkongruenz des Revisors Graß.

8 "Leitmotive sind Mordmotive"(S.356) - "Mordmotive werden zu Leitmotiven."(S.4o8)

8.1 Den Doppelsinn des Wortes 'Leitmotiv' macht der Autor Graß der Erweiterung des Bewußtseins in und von seinem Roman nutzbar (8o).

8.11 Im alltäglichen Sprachgebrauch bezeichnet Leitmotiv die Begründung und Zielvorstellung einer Aktion oder Reflexion, also das Movens, an dem sich menschliche Tätigkeit orientiert.

8.111 Diesem Leitmotiv können ethische, religiöse oder ideologische Überzeugungen und/oder daraus resultierende Wunsch- und Wahnvorstellungen zugrunde liegen.

8.112 Auch aus unbewußten, emotionalen Bereichen lassen Leitmotive sich herleiten oder herstellen.

8.113 Verwendbar sind ebenfalls Leitmotive aus zweiter Hand, mit denen Kirche, Staat und Wirtschaft den Handelnden infiltrieren, ohne ihn überzeugen zu müssen. Diese Leitmotive verführen, indem sie dem Menschen etwas suggerieren, ihn zu Taten und Einstellungen animieren, die keiner Prüfung des Verstandes unterzogen werden oder standhalten könnten.

8.114 Nachdenken oder Emotion oder Berechnung und Suggestion bestimmen die Konzeption eines Leitmotivs.

8.115 Ist das Leitmotiv ungeprüftes, suggeriertes Movens für Handeln und Denken, hat es die Funktion eines Leittiers, dem der Geleitete widerspruchs- und bedenkenlos folgt. Das Leitmotiv wird dann zum Führer, dem man sich überläßt.

8.1151 "Führer befiehl, wir folgen Dir" - so hatten es die Propagandisten des deutschen Faschismus suggestiv vorformuliert.

8.116 Das Leitmotiv erweist sich schon im alltäglichen Gebrauch als ambivalent und - manipulierbar.

8.117 Der Autor Graß kennzeichnet als Leitmotiv der 'Hundejahre' das Mordmotiv und macht folgerichtig Mordmotive zu Leitmotiven des Romans HUNDEJAHRE.

8.1171 Da der Roman nach dem Ersten Weltkrieg einsetzt, ergibt sich die Ansicht des Autors, daß die Faschisten das Mordmotiv als Leitmotiv nicht erfanden und kreierten, sondern für ihre Zwecke übernahmen und präparierten.

8.1172 So erweist sich der Faschismus als mögliche und schreckliche Wucherung eines bestimmten Systems.

8.12 Das legen die Leitmotive des Romans frei; Leitmotiv hier verwendet im Sinne der Begriffsbildung der Kunsttheorie.

8.121 Der Autor Graß spielt mit dem nun mehrfach dimensionierten Leitmotiv und erhöht damit den für die Rezeption seines Romans erforderlichen Aufmerksamkeitskoeffizienten.

8.1211 Ähnliches war schon bei dem Versteckspiel mit

der synthetischen Identität von Brauchsel-Amsel-Haseloff und der Mittäterschaft Materns an Amsels Totschlag zu beobachten.

8.1212 Die Erschwerung der Wahrnehmung als künstlerisches Mittel ist also auch dem Autor Graß nachweisbar.

8.122 Das Leitmotiv als Leitmotiv bestimmt der Autor zum Leitmotiv. Er lenkt damit das Interesse des Lesers auf ein bislang kunstvoll verborgenes Bauelement des musikalischen oder sprachlichen Kunstwerkes; was nicht heißt, daß er seine Leitmotive nicht ebenso kunstvoll wie alle Vorgänger behandelt.

8.123 Aber er nennt sein Mittel, verändert es damit, und rechnet auf den historisch bedingten Bewußtseinsgrad des Lesers, der in die romantechnische Arbeit eingeführt und einbezogen wird.

8.124 Das Widerspiel und die Koinzidenz der alltäglichen und der kunsttheoretischen Bedeutung des Leitmotivs und die Art seiner Verwendung lassen erkennen, daß der Autor Graß die ihm durch die gesellschaftliche und literarische Entwicklung zur Verfügung stehenden romantechnischen und sprachlichen Mittel historisch und dialektisch reflektiert einsetzt.

8.2 Die zur Faust geballte menschliche Hand ist Leitmotiv, taucht auf in allen drei Büchern des Romans, erfährt Bedeutungsmodifikation und Klärung.

8.21 Der zehnjährige Walter Matern macht "in seiner Tasche"(S.13) eine Faust um ein von Amsel geschenktes Taschenmesser und wirft es statt eines Steins in die Weichsel.

8.211 Materns Fäuste spielen in der "Blutsbrüderschaft"(S.15) mit Amsel, die das geschenkte Taschenmesser in ihre Oberarme ritzte, eine bestimmende Rolle.

8.2111 Denn diese Fäuste, die gemeinsam mit anderen Dorfjungenfäusten, den sommersprossig-lächerlichen Eddi Amsel verprügeln, kehren sich unvermittelt nach fünf Faustschläge dauerndem Nachdenken (S.35) gegen die Angreifer des "Itzig"(ebd.) Eddi und beschützen den "Prügelknaben"(ebd.).

8.212 Diese Freundschaft wird freilich bald zu einem Bündnis 'mit der Faust in der Tasche', in dem der Taschenmesserwurf, wie Brauchsel im Verlauf des Erzählten mitteilt, eine jener "kurzatmigen Revolten"(S.57) Materns ist, mit denen er der "Abhängigkeit"(ebd.) von Amsel zu entkommen sucht.

8.2121 Amsel nützt seinen Beschützer aus, spannt ihn in sein Geschäft mit Vogelscheuchen ein, macht ihn lohnabhängig. Und das Taschenmesser erscheint als eine jener Prämien, die den Ausgenützten nur desto fester an den Ausnützenden binden sollen.

8.2122 Zwei Kinder werden vorgeführt in einer für das System, in dem sie leben, typischen Symbiose; aus Freundschaft entwickelt sich wie zwangsläufig Arbeitsteilung, aus Arbeitsteilung Abhängigkeit, aus Abhängigkeit Entfremdung, da Amsel, nicht "kindlich fromm und um Gotteslohn"(S.57) arbeitend, Gulden, also Kapital, ansammelt, das Matern "bewahrt"(ebd.), ohne teil daran zu haben.

8.2123 Diese Symbiose hat dem System eigene parasitäre Züge.

8.213 Schon Kindheit und Freundschaft stehen im Zeichen der Faust.

8.22 Auch Amsel braucht seine Fäuste; freilich nicht, um sich durchzusetzen oder ohnmächtig aufzulehnen.

8.221 Vom selben Buch nämlich wie sein Vater inspiriert, dem Weininger-"Standardwerk"(S.153), probt Amsel die Anpassung.

8.222 Um Weiningers pseudowissenschaftliche Behauptung, "der Jude singe nicht und treibe keinen Sport"(S.154), zu entkräften, singt Amsel und treibt Sport; das heißt: er verleugnet sein von anderen postuliertes Selbst, um sich zu integrieren.

8.2221 Denn Auffallen, Aus-der-Rolle-Fallen, Von-der-Norm-Abweichen, also anders sein, lernt Amsel, führt zu gegen ihn gerichteten Faustkämpfen.

8.223 Also reiht Amsel sich ein in die Faustfront und erhebt seine Faust: "Keine Arbeiterfaust, Proletarierfaust, kein Rot-Front-Gruß"(S.152) als Faustballspieler.

8.2231 Der Autor Graß macht durch die Negativdefinition seines Erzählers Liebenau aufmerksam auf Amsels eigenartige Reaktion: nicht gegen das ihn unterdrückende System der Normierung und scharfen Rassengesetze, nicht gegen die ihn bedrohenden Fäuste gebraucht er die seinen, sondern für ein "deutsches Spiel"(S.152).

8.2232 Amsels Antwort auf Pression und Deformation heißt nicht Auflehnung, Revolution, sondern Anpassung.

8.22321 Amsel ist nicht die faschistischen Fäusten trotzende Künstlerfigur. Der Autor Graß zeigt die Kunst nicht, wie Literaturgeschichte oder -kritik das gern tun, als Widerpart zum Hundejahregeschehen.

8.22322 Irrtümlich und das systemkonforme Kunstklischee bestätigend behauptet Paul Konrad Kurz: "Durch sein tieferes, künstlerisches Verhältnis zur Wirklichkeit wird Amsel vor jeder nazistischen Versuchung bewahrt."(81)

8.22323 Eddi Amsel erliegt jeder Versuchung des Systems.

8.22324 Er nützt Matern aus. Er benutzt seine Fäuste. Er muß Liebenau von sich erzählen hören: "Auch der Parteigenosse Eddi Amsel schnappte heilrufend nach ausgesucht großen Schneeflocken" (S.179). Vom Freund verraten und geschlagen flüchtet er als Ballettmeister Haseloff in das von den Faschisten als Renommee benutzte und darum geschützte Reich der darstellenden Kunst.

8.22325 Der Kunst und seiner Anpassung zuliebe wird

Amsel selbst zum Versucher und Verführer.

8.22326 Der Vogelscheuchenproduzent, dem es unmöglich ist, "in die Partei oder eine ihrer Organisationen einzutreten"(S.17o), beginnt "seinen Freund Walter Matern, der zwar keine kommunistischen Flugblätter mehr verteilte, aber ein Foto der Rosa Luxemburg an seine Eichentäfelung gespießt hatte, mit schmeichelnden, lästerlichen, drolligen und immer geschickten Worten kleckerweise zu überreden, das zu tun, was Amsel, der notwendigen Uniformstücke wegen, gerne getan hätte aber nicht durfte."(ebd.)

8.22327 Amsel überredet den Freund Matern zur Konversion. "Aus Freundschaft"(S.17o) tritt Matern, "nach innen mit allen Zähnen knirschend"(ebd.), in den SA-Sturm ein.

8.22328 Selbst eingeräumt, der Künstler Amsel lasse seinen Freund nur als Sonde ein in den "in der Masse kleinbürgerlichen"(S.17o) Morast des SA-Sturmes; selbst eingeräumt, der scheuchenproduzierende Amsel tue das um der erwünschten braunen Kostüme willen; selbst eingeräumt, der Halbjude verführe, weil er angepaßt als scheinbarer Parteigenosse heilrufen wolle: es bleibt seine Schuld.

8.22329 Auch Amsels Leben steht im Zeichen der Faust: "Faustrecht sprach ihn schuldig; Faustkämpfe machten ihn zum Punching-Ball; und nur beim Faustball triumphierte das Amselfäustchen" (S.152).

8.2233 Leitmotiv und Mordmotiv ergänzen sich und fallen in eins beim versuchten Totschlag an Eddi Amsel.

8.22331 Der den Freund verführte, wird vom Freund verraten. Die neun "vermummten Männer"(S.191) rächen des Halbjuden Mißbrauch der Freundschaft und der Uniformen mit Fäusten.

8.22332 Rachsucht, Haß und faschistische Rassenhetze leiten die Fäuste an.

8.22333 Matern verrät an SA-Fäuste den Freund, der ihn an die SA verraten hat aus eigennützigen Motiven.

8.224 Die Faust als Signal und Symptom des Systems und des Faschismus verdeutlicht leitmotivisch Pression und Deformation.

8.2241 Unter dem Druck des Systems wird der Einzelne so weit deformiert, daß er wie notwendig und natürlich seine Fäuste einsetzt: als Deformierter selbst wieder zerstört. Die zu diffizilem Formen fähige Hand wird verkehrt in ihr Gegenteil, verkrüppelt zum brutalen Werkzeug des Systems und seines faschistischen Schößlings.

8.2242 Die systembedingte Deformation des Menschen läßt sich als Mutation der Hand zur Faust beschreiben.

8.2243 Die Faust fungiert dabei als pars pro toto.

8.23 Auch Liebenau steht, sich erinnernd, unter dem Eindruck der Faust; wie, fragt er, soll er erzählen von den Jahren in der Koschneiderei, "wenn auf die Faust zu starren zum Zwang wird"(S.115).

8.231 Zwar vergrößern sich "von Tag zu Tag unmerklich"(S.115) die blinden Flecken im Gedächtnis, man spricht dann gern von "Vergangenheit: Es war einmal"(ebd.),

8.2311 dennoch erinnert sich Liebenau: "Als im Sommer des Jahres zweiunddreißig: Damals damals damals, als ich ein fünfjähriger Junge war, zur Zeit der Olympiade in Los Angeles gab es schon Fäuste, die schnell trocken und irdisch bewegt wurden"(S.115).

8.2312 Diese Fäuste warnen wenige, bereiten jedoch schlagkräftig und gründlich die Wahl des Führers vor, schaffen Ordnung im Reich und schikken sich, kaum siebenjährig, an, das Reich mit Gewalt um 'Lebensraum' zu bereichern.

8.2313 Vom "Herbst neunundddreißig"(S.114) weiß der Autor Liebenau zu berichten: "Angstmacher, Buhmänner, schreckliche Spaßmacher schütteln schon wieder den Briefbeschwerer, die Faust..." (S.115).

8.2314 Die Fäuste am Schreibtisch und an der Front verrichten Arbeit, die Liebenau definiert: "Gewalt. Verbogene Sicherheitsnadeln. Fähnchen im Winde. Einquartierungen: Schweden Hussiten Waffen-SS. Wenndunichtdann. Mitstumpfundstiel. Abheutefrühvieruhrfünfundvierzig. Zirkelschläge auf Meßtischblättern"(S.114f.).

8.232 Das Leitmotiv, das episodisch und bedrohlich auftauchte in FRÜHSCHICHTEN und deren Geschichten von Amsel und Matern, macht nun als Mordmotiv endgültig und furchtbar Geschichte.

8.233 Was sich sporadisch ankündigte als Symptom dieses Systems, erweist sich während faschistischer Epoche als Syndrom, anzeigend den Verfall und die Gefährlichkeit des Gesellschaftssystems, in dem die Figuren des Autors Graß existieren.

8.234 Das Leitmotiv der Faust erklärt den Faschismus zur Folgeerscheinung eines Systems, in dem Leitmotiv von Mordmotiv nicht zu trennen ist.

8.235 Dieses System krankt an imperialistischer Politik, Kapital und Gewalt - alles Dinge, die der Faschismus nicht erfunden, nicht inthronisiert hat, sondern übernommen hat und geballt zur Katastrophe.

8.236 Diese Erreger sind nicht beschränkt auf abendländisches Gebiet; anhand der Zeitgeschichte dieser Region jedoch benennt der Autor sie als die gefährlichen Krankheitskeime jeder Gesellschaft, die, nicht im Frühstadium erkannt, nicht im Keim erstickt, den Menschen deformieren und zerstören.

8.24 Nur: mit dem Untergang des Dritten Reiches vergehen nicht die im Leitmotiv der Faust erfaßten Gefahren.

8.25 Im Gegenteil: der Schauspieler und Phänotyp Matern schleppt in der Rolle von Richter und Rächer die Erreger ins bundesrepublikanische

Nachkriegsdeutschland ein, verseucht mit seinem Gemisch aus "Rache, Haß und Wut"(S.353), das er "antifaschistischen Tripper"(S.348) nennt, die westalliierten Zonen.

8.251 Matern, unfähig zu klärendem Lernprozeß, bleibt stehen im Zeichen der Faust.

8.2511 Rache ist sein Leitmotiv. Folglich muß der Roman auch in drittem Buch und für bundesrepublikanisches Geschehen das Leitmotiv der Faust beibehalten, variieren und weiter erläutern.

8.252 In die von den Alliierten installierte Demokratie bringt Matern, wohlgemerkt Phänotyp, ein: "Mißklang, Scherbengericht, Bruchstücke meiner selbst, nie mehr zu ordnen."(S.346)

8.2521 Also wird auch das dritte Buch handeln vom Elend der Demokratie, von einem System, das mit neuem Namen und unter neuer Flagge die alten Gewässer befährt (82), gebraucht man die traditionsreiche Metapher: Staatsschiff.

8.2522 Der Autor Graß legt die Assoziation: faschistische Firma, nahe, wenn es heißt: "Als Konkursverwalter tritt auf"(S.356): Walter Matern.

8.2523 Er übt Faustrecht. "Leitmotive sind Mordmotive"(S.356) für ihn. Feind und Freund sucht er heim.

8.2524 "Ratschlag und Totschlag schlummern in gleicher Faust."(S.412)

8.25241 Erinnern und geplante Veränderung mißraten

Matern zu Rache und Zerstörung.

8.25242 Irreversibel ist Materns Deformation. Schuld, erlittenes Unrecht, eigene Fehlleistungen - all das mündet in "gleicher Faust"(S.412).

8.25243 Unheilbar ist Materns 'Faust-Komplex' unter Umständen, die Sätze nötig machen wie:

8.252431 "Zu dumm! Matern ist immer noch nicht bereit, aus der Rache ein halbwegs lohnendes Geschäft zu machen."(S.4o4)

8.25244 Das System, das Matern seit 'Hundejahren' deformiert, kann Reue und Rache, Religion und Ideologie, Kollektivschuld und Vergessen, Täter und Opfer assimilieren als Geschäft; jede erdenkliche menschliche Tätigkeit von der Auflehnung bis zur Anpassung ummünzen ins Kapital, als dem abstrakten und entfremdeten und damit pervertierten menschlichen Vermögen.

8.252441 Vermögen hier polar verstanden als Können und Haben, Entwicklung und Verfestigung, Aufbau und Zerstörung.

8.25245 Wie ein Magnet zieht dieses System jeden menschlichen Bereich an sich, entzieht ihm seine progressive Kraft zugunsten der produktiven, die sich niederschlägt als Kapital.

8.25246 Nachdem das Vermögen des Menschen einlinig ausgerichtet ist auf Vermögensbildung, entgeht auch sein Körper nicht dem Systemzwang.

8.252461 "TREIB KEINEN SPORT. MAN TREIBT MIT DIR SPORT." (S.397)

8.252462 Matern, der als Spieler, dann Schiedsrichter Faustball spielt, und zwar diesmal auf bundesrepublikanischem Sportplatz, erhält "Vereinssperre und Platzverbot ohne Gegenstimme"(S.396); denn:

8.252463 "Überall ist er bewandert. Matern weiß, wie es dahin gekommen; wie man es soweit gebracht; was Deutschland, das ungeteilte, war und sein könnte; wer die Schuld trägt an all dem; wo sie heute wieder sitzen, die Mörder von damals; und wie man verhindern kann, daß es jemals wieder dahin kommt."(S.396)

8.252464 "Seine Leitmotive entlarven Mordmotive."(S.396)

8.252465 Aufgrund dieses Wissens, seiner darum gegen das System gerichteten Leitmotive und Äußerungen, richten sich Fäuste wieder gegen den, der "Leitbild und Trainer"(S.397) sein könnte.

8.252466 Weil Wissende und Propheten im Land der HUNDEJAHRE nur gelten, wenn sie, wie die Mehlwürmer des Müller Matern, Wirtschaftswunder weissagen können (83), und damit zur Stabilisierung des Systems beitragen.

8.253 Der Phänotyp Matern fällt von einem Extrem ins andere, kämpft mit seinen Fäusten gegen das Mordmotiv der Faust, hat dann wieder die Faust zum Leitmotiv.

8.2531 Revolution, Resignation und Reaktion bannt das System in gleiche Faust.

8.2532 Der Haß des Systems und der Haß gegen das

System ballen sich in gleicher Faust.

8.2533 Die Faust wird zum mörderischen Leitmotiv eines Systems, von dem sich der durch das System deformierte Mensch weder so noch so lösen kann.

8.2534 Leitmotiv und System bilden eine widerstandsfähige Verbindung, die das Wort 'Widerstand' benutzbar macht für Gegner und Verfechter des Systems, und die so jeden Widerstand neutralisiert.

8.2535 Das System wechselt allein seine Leitbilder, während die Leitmotive bleiben.

8.25351 Das erfährt Matern, das zerstört ihn, das macht ihn zum Phänotyp.

8.2536 Die Leitmotive dieses Systems kehren sich immer gegen den Menschen.

8.25361 Dieses System kehrt sich gegen den Menschen.

8.254 "Oh Matern, wieviele Niederlagen mußt Du noch als Siege abzinken?"(S.397)

8.2541 Das System verkehrte den Sieg über die Monarchie zur Niederlage der Republik im Nationalsozialismus.

8.2542 Das beibehaltene System verkehrte den Sieg über den Nationalsozialismus zum Elend der Demokratie im Kapitalismus.

8.2543 Des Phänotyp Matern erhobene Faust trifft immer nur ihn selbst, oder Freund oder Feind, doch nie das System.

8.3 Mit dem Leitmotiv des in Materns geballter Faust verborgenen Taschenmessers konstruiert der Autor Graß die Ringstruktur der HUNDEJAHRE.

8.31 Die Kombination von Faust und Taschenmesser verstärkt die Komplexität des Leitmotivs, zeigt an, wie historisch bewußt und dialektisch durchdacht der Autor Graß die erzähltechnischen Bauelemente handhabt.

8.311 Denn die Doppelung bewirkt nicht allein quantitative, bewirkt qualitative Veränderung des Leitmotivs, das meint, sie setzt ein künstlerisch kalkuliertes Mehr an Assoziation und Information frei.

8.3111 Zur Information zählen: Materns verzweifelte Versuche, auszubrechen aus dem Teufelskreis des Systems; wie ein Verzweifelter versucht das Matern auf jede erdenkliche Weise.

8.3112 Der Wurf des Kindes Matern ist eine der "kurzatmigen Revolten"(S.57) gegen die systemgemäße Abhängigkeit des Händlers Matern vom Produzenten Amsel.

8.3113 Doch die Revolten Materns schlagen fehl, ähnlich den Revolten jener Nation, deren Phänotyp er ist.

8.3114 Denn auch Matern ist weder Revolutionär noch "Attentäter von Beruf"(S.293); er handelt unter dem Zwang des Systems mit der Verbissenheit und dem Erfolg des Ausweglosen.

8.3115 Materns Fehlschläge führen zu Fehlleistungen.

8.3116 Der schauspielernde Phänotyp Matern versucht, sich freizuspielen in wechselnden Rollen: als Kommunist, Nationalsozialist, katholischer Christ und Antifaschist.

8.3117 Ohne zu sehen, daß jede Rolle nur Part ist im großen Systemtheater.

8.3118 Mit 'ambivalent' sind Materns Denk- und Verhaltensweisen deshalb nicht hinreichend definiert; es muß heißen, sie sind deformiert, folglich ambivalent.

8.312 Das aus der Faust geworfene Taschenmesser signalisiert schon in FRÜHSCHICHTEN Materns Plan, sich zu trennen vom Kunstproduzenten und Profitmacher Eddi Amsel.

8.3121 Doch Matern bleibt, wie erzählt wird, Amsel lebenslang hörig. Dieser Hörigkeit ist mit Fäusten nicht beizukommen. Nicht mit Totschlag. Nicht mit der Variation des Leit- und Mordmotivs. Materns Fäuste, gerichtet gegen den Vogelscheuchenproduzenten, gegen den Verräter und Halbjuden, gegen den an Geschehenes erinnernden Brauchsel, diese Fäuste richten nichts aus.

8.3122 Dem Mann Matern übergibt Brauchsel, "wie aus der Luft gegriffen, ein verrostetes Taschenmesser"(S.466), das Walter Matern, revoltierend, in die Weichsel warf.

8.3123 Das 'verrostete' Zeichen der Revolte wirft Matern, "der zuinnerst noch immer mit dem

Taschenmesser hadert"(S.47o), diesmal in den "Berliner Landwehrkanal"(S.478).

8.31231 In den Landwehrkanal wurde auch die ermordete Revolutionärin Rosa Luxemburg geworfen, deren Foto Matern an seine "Eichentäfelung gespießt hatte"(S.17o), bevor Amsel ihn zur SA verführte; Leitmotiv : Mordmotiv.

8.3124 Das Taschenmesser, Zeichen für Revolution, Resignation und Reaktion, markiert Materns Revolten und, nach 'Hundejahren', Fehlschlägen und Fehlleistungen, zugleich Materns Weigerung, sein Erinnerungsvermögen mit der Geschichte seiner Resignation zu belasten, also sich seiner Geschichte zu erinnern, aus ihr zu lernen und Schlüsse zu ziehen.

8.3125 Revolution, Resignation und Reaktion birgt die gleiche Faust.

8.31251 Matern, der revoltierte, ist im Verlauf der 'Hundejahre' seines Lebens so weit deformiert, hat so sehr resigniert, daß er, wie die Reaktion in seinem Lande, seine Auflehnung, sein Versagen und seine Schuld verdrängt, und mit einem extremen, darum verdächtigen, Antifaschismus kompensiert, schließlich, nach ziel- und nutzloser Rache, als ultima ratio das Vergessen proklamiert und sich gegen die beim Taschenmesserwurf als notwendig erkannte Revolution wehrt.

8.3126 Faust und Taschenmesser sind Leit- und Mordmotiv, setzen, gekoppelt, frei ein Mehr an Information und Assoziation.

8.313 Zur Assoziation zählt: die von Faust und Taschenmesser ausgehende, scheinbar die Handlung motivierende und das Erzählte antreibende Wette zwischen den Freunden Amsel und Matern, die "ineinander vergafft"(S.58) sind "wie der liebe Gott und der Teufel"(ebd.).

8.3131 Diese Wette, von Amsel angeboten, angenommen von Matern:

8.31311 "Vlaicht krieg ech ain neuen Knief off Hemmelfaart."
"Will aber kain neuen Knief nech."
"Na wennech Diä jäb, wirst schon nähmen."
"Wätten wä, daas nech?"
"Wätten wä, daas nämmst?"
"Wätten wä?"
"Wätten wä!"(S.17),

8.3131 die Wette gilt dem Rebell Matern, seinem Ziel: der Revolte gegen das systemgetreue Herr-und-Knecht-Verhältnis - die Wette geht um Matern.

8.3132 Allerdings: Matern nimmt die Wette an, weil er meint, nie wieder werde er eine almosenähnliche Prämie vom Produzenten und Profitmacher Amsel annehmen.

8.3133 Das aus der Faust geschleuderte Taschenmesser ist Signal der Revolte; Wurf und Wette bilden den Beginn des Romans.

8.3134 Am Ende des Romans verliert Matern die Wette, obgleich er sie scheinbar gewinnt, das Taschenmesser wieder wegwirft.

8.3135 Matern, verraten an das System, verstrickt in Ideologien, Verrat und Schuld, verraten vom System, Matern gewinnt die Wette: er nimmt das Taschenmesser, Leitmotiv und Zeichen seiner Auflehnung, nicht wieder an.

8.3136 Darum ist er, paradoxerweise, zugleich der Verlierer. Denn er will mit dem, was das Taschenmesser ihm einmal bedeutete, nichts mehr zu tun haben, das Vergangne vergessen.

8.3137 Seine geballte Faust verfehlt ihr Ziel, verliert ihren ursprünglichen Sinn, dient allen Spielarten der Faust, wird einverleibt dem Leitmotiv des Systems, bleibt nicht frei vom Mordmotiv.

8.3138 Wie Faust verliert Matern seine Wette um die Auflehnung; freilich kommt Matern nicht, wie Faust, ein Gemisch aus aristotelischer Entelechie und christlichem Heilsdenken zuhilfe.

8.31381 Matern scheitert - wie Faust, soviel sei, zählend zur Assoziation, hier gesagt (84) - an Kapital, Gewalt, imperialistischen Interessen und eigener Schuld.

8.3139 Das Leitmotiv der Faust und das beigeordnete Leitmotiv Taschenmesser demonstrieren Materns Revolte gegen die im Leitmotiv der Faust erfaßten Leit- und Mordmotive des Systems, seine Deformation durch diese und seine Resignation und reaktionäre Vergeßlichkeit.

8.314 Die mit der Koppelung von Faust, Taschenmesser und Wette konstruierte Ringstruktur ist das erzähltechnische Äquivalent zu den "einander in den Schwanz beißenden"(S.449) Hundejahren, also dem ausbruchssicheren System.

8.3141 Matern bewegt sich im Kreis, seine Revolte ist der Anfang vom Ende; darum sind Anfang und Ende des Romans auch austauschbar, ist das Ende erst vom Anfang her, der Anfang vom Ende her verständlich: Erzähltechnik und Geschehen ergänzen und erläutern sich: Matern entkommt nicht dem circulus vitiosus des Systems: dafür steht die Ringstruktur.

8.3142 Geschichten erfassen, erklären, entlarven Geschichte: der Roman HUNDEJAHRE seziert das System.

8.4 Auch das Titeltier, der Hund, hat die Funktion eines Leitmotivs.

8.41 Dieses Leitmotiv, fallengelassen in keinem Buch des Romans, gewinnt der leergeredeten Phrase vom 'auf den Hund gekommenen Menschen' ihre Bitternis und Schärfe zurück.

8.41o1 Bitternis und Schärfe beläßt der Autor freilich nicht im undefinierbaren Bereich von Geschmack und Gefühl.

8.41o2 Das Leitmotiv erlangt sie vielmehr durch Bezüge und Beizüge aus Geschichte und Dialektik und dem künstlerischen Bewußtsein davon, der erzählerischen Intention und Vermittlung.

8.41o3 Am Beispiel der Leitmotive läßt sich belegen, daß der Roman die Form ist, die sämtliche Spielarten dieser Form reproduzieren kann und gleichzeitig nicht allein epigonal reproduziert, weil sie das historische Bewußtsein der Form als veränderbarer impliziert - und damit das jeweils Vorangegangene transzendiert, also übersteigt.

8.41o4 Auch ein Roman, der die Schwierigkeit oder Unmöglichkeit beschreibt, einen Roman zu schreiben, unterwirft sich damit den historischen und formalen Bedingungen dieser Form; anders wären weder TRISTRAM SHANDY noch WILHELM MEISTERS WANDERJAHRE oder die HUNDEJAHRE der Form des Romans zuzurechnen.

8.41o5 Durch Autorenkollektiv und Korrektiv, durch Revision und Dreischritt des Romans redet der Autor Graß dialektischem Denken und daraus folgender Erkenntnismethode das Wort.

8.41o6 So und historisch gesehen hat also das Leitmotiv beim Autor Graß den Stellenwert des Zitats; das wissend und nützend vermittelt der Autor durch das enthüllte und enthüllende Leitmotiv Information, die vordem dieses erzähltechnische Mittel noch nicht tragen konnte.

8.41o7 Dem Leitmotiv werden nicht nur kompositorische und strukturelle Aufgaben zugewiesen, damit bliebe es bloßer künstlerischer Tradition verhaftet, sondern es dient der Vermittlung seiner eignen Entwicklung, historischer Prozesse und dialektischer Erkenntnismethode.

8.41o8 Die Leitmotive Faust und Taschenmesser belegten das; von daher und aus diesem Verständnis ist das 'auch' zu begreifen in dem Satz:

8.411 Auch das Titeltier, der Hund, hat die Funktion eines Leitmotivs.

8.42 Mit der Stammreihe des Hundes erläutert der "Diskussionsgegenstand"(S.449) Matern zugleich Entwicklungslinie und Bedeutungswandel des Leitmotivs Hund.

8.421 "Oh, ihr einander in den Schwanz beißenden Hundejahre! Am Anfang gab es eine litauische Wölfin. Diese wurde mit einem Schäferhundrüden gekreuzt. Dieser Untat entsprang ein Rüde, dessen Namen kein Stammbaum nennt. Und er, der Namenlose, zeugte Perkun. Und Perkun zeugte Senta... Diskutantenchor: Und Senta warf Harras... Matern: Und Harras zeugte Prinz, der heute als Pluto an meiner Seite sein Gnadenbrot kauen darf. Oh, ihr heiser geheulten Hundejahre! Was einem Müller die Mühle bewachte, was einer Tischlerei als Wachhund diente, was sich als Lieblingshund an den Stiefeln Eures Reichsautobahnbauers rieb, lief mir, einem Antifaschisten zu. Begreift Ihr das Gleichnis? Geht Euch die Rechnung verfluchter Hundejahre siebenstellig auf?"(S.449f. (85))

8.422 Das Leitmotiv des Hundes macht deutschen Generationen die Rechnung auf, rechnet ab mit ihrer Geschichte und Entwicklung.

8.4221 Eine Rechnung, die in der siebenstelligen Zahl der Toten beider Weltkriege nicht aufgeht;

8.42211 deren Rest übertragen wird auf Nachkriegsdeutschland.

8.423 Eine 'Untat' nennt Matern die Zucht, den manipulierenden Eingriff in die Natur.

8.4231 Das Wort 'Untat' definiert den neutralen Terminus Mutation genauer als: Deformation.

8.4232 Der Begriff Deformation faßt zusammen die Termini Zucht, Manipulation, Mutation und gibt ihnen das wertende Vorzeichen.

8.4233 Zucht, Manipulation und Mutation, sprich: Deformation erfolgt unter dem Gesichtspunkt der Nützlichkeit.

8.42331 Nur ein gezüchteter, rassereiner Hund erscheint dem Menschen wertvoll.

8.42332 Nur ein dressiertes, abgerichtetes Tier ist ihm nützlich.

8.42333 Ein Hund muß als Hund sein "treuwienhund"(S.33o).

8.42334 Durch bedingungslosen Gehorsam zeichnet sich ein Hund aus; allen unbedingten Reflexen wird der bedingte Reflex Befehlstreue vorgeschaltet.

8.42335 Auf den Herrn, auf den Führer als Stellvertreter des Leittieres ist der Hund fixiert.

8.424 Der Autor Graß gibt der Entwicklung von Figuren, Geschichten und Geschichte, den Leitmotiven Faust und Taschenmesser komplementär das Leitmotiv Hund bei.

8.4241 Dadurch bestimmt er das spezifische Gewicht des Systems in dem sich die HUNDEJAHRE abspielen und beschreibt die zu Systemteilen erniedrigten und deformierten Menschen.

8.42411 Dem System genehm ist der rassisch reine Mensch.

8.42412 Nützlich ist der auf die Leitmotive des Systems dressierte Mensch, Leitmotive, die jederzeit umschlagen können in Mordmotive.

8.42413 Nur der systemtreue Mensch, der Konformist, wird als Mensch respektiert.

8.42414 Der Konformist zeichnet sich aus durch Anpassung und Unterordnung. Dieser dem System erwünschte Mensch heißt Untertan.

8.42415 Der Untertan ist auf Autorität und Führer fixiert.

8.4242 Zur Bestimmung des systemspezifischen Gesichts des Menschen dient das Leitmotiv Hund. In diesem System ist der Mensch das Ebenbild des Hundes.

8.4243 Der dialektische Dreischritt des Romans erweist mit diesem Leitmotiv das System als geschlossen; geschlossen sagt: zu notwendig radikaler Regeneration aus sich heraus nicht fähig, nur zur Degeneration. Der Dressierte kann sich nicht befreien von der Dressur.

8.4244 Die Kinder Amsel und Matern spiegeln schon die Produktions- und Herrschaftsverhältnisse dieses Systems.

8.42441 Die Nazidiktatur wird zur Folgeerscheinung:

dressierte und deformierte Systemteile suchen und finden den Führer und folgen ihm.

8.42442 Sie folgen ihm, weil er die zum System gehörende Prosperität, das Geschäft, den Profit verspricht.

842443 Dem Geschäft folgt der Krieg, selbst Geschäft, systembedingt.

8.424431 Denn aus ökonomischer Sicht war der deutsche Faschismus "das Verzweiflungsprodukt eines Bürgertums, das seine Wirtschaft nicht mehr kontrollieren konnte."(86)

8.424432 Leitmotiv und Mordmotiv des Systems: das Kapital richtet den Menschen ab, schließlich - hin.

8.425 Das Geschäft, das Kapital, die Produktionsverhältnisse, summiert: das System rettet sich, umbenannt wie Prinz in Pluto, über den Zusammenbruch.

8.4251 Großkapital, Kirche, Presse bleiben gleichgeschaltet, befragen des Müller Matern Mehlwürmer nicht nach Schuld, Fazit und möglicher Veränderung, vielmehr nach Profit und wirtschaftlicher Expansion (S.363ff.).

8.426 Am neuen Namen des über die Elbe ins westliche Deutschland geflohenen Führerhundes wird die Systemkonstante kenntlich.

8.4261 Im Ruhrgebiet, dem Rüstungszentrum des Dritten Reiches, der neuerlichen Keimzelle des Nachkriegsstaates, nennt Matern den Führerhund nach dem Wegweiser eingleisiger(! S.327) Strecke: "Pluto"(ebd.).

8.4262 Bestimmend, deutend, richtungweisend lautet der Kommentar zur Taufe:

8.42621 "Pluton steht Pate, der das Getreide und die Moneten scheffelt, der Hades ähnlich - oder dem alten Pikollos - die unteren Geschäfte besorgt: Schattengeschäfte, tempellose Geschäfte, unsichtbare Geschäfte, Untertagegeschäfte, die große Pension, die Seilfahrt zum Schachtsumpf, da kannst Du rein und nicht raus, bei dem ist Bleibe, den besticht keiner, alle alle müssen zu Pluto, den niemand verehrt."(S.328)

8.42622 Der Teufelskreis des Systems schließt sich, "da kannst Du rein und nicht raus"(S.328); der Systemzwang wird ausgesprochen, "alle alle müssen zu Pluto"(ebd.).

8.42623 Drei verschiedene Götter, Pikollos, Hades, Pluto, drei verschiedene Kulturen, haben denselben Bezugspunkt, das Leitmotiv des Systems.

8.42624 Der Hund, Leitmotiv auch fürs Nachkriegsdeutschland, trägt ihren Namen.

8.5 Die Kongruenz von Leitmotiv und Mordmotiv demonstriert der Autor Graß mithilfe der doppelsinnig eingesetzten Leitmotive.

8.6 Historische und kunsttheoretische Dimension des Leitmotivs, als dialektisches Komplement gebraucht, vermitteln dem Bewußtsein in und von dem Roman den Grad der Deformation des Menschen im System der 'Hundejahre'.

9 Störungen der Bewußtseinsvorgänge und der Erkenntnisfähigkeit Materns fördert DIE HUNDERTDRITTE UND TIEFUNTERSTE MATERNIADE (S.479-5o3) zutage; sie führt zugleich exemplarisch die Rezeption von Kunst in der Gesellschaft der 'Hundejahre' vor.

9.oo1 Beschreibung oder künstlerisches Abbild eines Vorgangs oder Zustandes bringen einen Informationsverlust mit sich, bedingt durch ihre Mittelbarkeit.

9.oo2 Aufgewogen werden kann dieses Defizit an Information von einem durch Vermittlung, Medium und Rezeption gegebenen Zuwachs an Assoziation.

9.oo3 Kein Medium, auch die Sprache nicht, vermag kongruentes Abbild oder kongruente Beschreibung eines Vorganges oder Zustands zu geben. Allenfalls die intellektuelle Leistung von Vermittlung und Rezeption ermöglicht eine scheinbare Kongruenz von Vorlage und Abbild.

9.o1 Folglich kann Schrecken als Abbild, so verzerrt, vergrößert, vergröbert, verdeutlicht, verwischt oder verkleinert er sich darstellt, nie den abzubildenden Schrecken erreichen im Sinne der Kongruenz.

9.o11 Was für den Schrecken gilt, gilt für jede Vorlage eines Abbildes oder einer Beschreibung.

9.o2 Allerdings können Abbild oder Beschreibung Bewußtseinsvorgänge und Erkenntnisfähigkeit stimulieren, indem sie das Verknüpfen von Information, Erfahrung und Assoziation auslösen.

9.o21 Dieses Verknüpfen läßt sich auch Denken und, umfassender, Erkennen nennen.

9.o22 Vom Standpunkt der Informationstheorie - nach allem mit der Kunst getriebenen heillosen Unfug erscheint es ratsam, Kunst als Information einzustufen - handelt es sich bei alledem "um eine Form des Lernens, denn jede Verknüpfung zwischen den Bestandteilen im Speicher unseres Gedächtnisses - auch die assoziative durch bloßen Kontakt - bedeutet eben eine Strukturierung und damit die Möglichkeit, unseren Besitz für unser Verhalten besser nutzen zu können."(87)

9.o221 Verknüpfen wiederum ist möglich, denn das, "was im Speicher unseres Gedächtnisses ruht, ist keine 'Menge', kein bloßes Beieinander, sondern ist schon durch Assoziation strukturiert."(88)

9.o23 Menschliches Denken und Erkennen wird also gekennzeichnet durch die Verknüpfung und Ausnützung von Information und Gedächtnis f ü r das Verhalten.

9.o24 Demnach wäre Verkennen zu definieren als Störung von Bewußtseinsvorgängen, Erkenntnisfähigkeit und Verhaltensweisen aufgrund eines destruierten und/oder deformierten Gedächtnisses oder vorsätzlicher Amnesie.

9.o241 Verkennen hieße dann beispielsweise: Scheuen vor dem Abbild, aber Stillehalten den Zuständen;

9.o242 Erschrecken über die Beschreibung, doch den

Vorgang hinnehmen;

9.o243 das System als unveränderlich gegeben zu ertragen, die Kritik an ihm dagegen als gefährlich zu verdammen;

9.o244 die Kunst als entartet zu verketzern und zu verbrennen, zu verteidigen und zu verewigen jedoch Mordmotive und Deformation;

9.o245 zu lobpreisen die Monarchie des Kapitals und deren Konsequenzen: die Anarchie und den Egoismus der Produktion, damit Pression und Deformation des Menschen, doch jede Alternative zu ächten;

9.o246 fühllos durch und für die zuschlagende Faust der kapitalistischen Reaktion zu starren auf die erhobene Faust der Revolution, diese zu brandmarken als einzige und sintflutgleiche Gefahr.

9.o3 Dieses Verkennen, Folgeerscheinung von Pression und Deformation, kann die "kapitalistische Wüste Nevada"(S.458) verherrlichen als Gelobtes Land, kann Zusammenbruch und bedingungslose Kapitulation feiern als Ursprung der Demokratie, kann die Maßnahmen zur Verelendung dieser Demokratie und zur Festigung des Kapitalismus Reformen nennen, kann vergessen, was war, kann verdrängen, was ist.

9.1 Der Phänotyp Walter Matern verkennt auf diese Weise.

9.2 Sein Verkennen stellt sich dar als Verkehren

des Zusammenhangs von Abbild und Vorlage.

9.21 Dieses Verkehren besteht in seiner Weigerung oder Unfähigkeit, die dem Abbild jeweils zugehörige Vorlage aus seinem Gedächtnis abzurufen.

9.22 Matern sträubt sich oder vermag nicht, die untertage durch Vogelscheuchen vermittelte Information mit übertage gemachten Erfahrungen zu verknüpfen.

9.23 Matern will im Abbild das Vorbild nicht erkennen.

9.24 Matern kann oder will nicht wiedererkennen, was er gesehen hat; Matern lernt nicht, richtet sein Verhalten nicht aus an Erfahrung und Wiedererkennen.

9.25 Matern, der Phänotyp, verweigert die Anamnesis.

9.3 Im Bergwerk des Vogelscheuchenproduzenten Brauchsel "werden die von Übertage angeforderten Neustoffe (...) verunglimpft."(S.484)

9.31 Das heißt, in dieser Kunstproduktionsstätte wird, was "von Übertage"(S.484) kommt, verzerrt, vergrößert, vergröbert, verdeutlicht, verwischt oder verkleinert.

9.311 Mit einer anderen Metapher gesagt: Geschichten und Geschichte von übertage werden in Brauchsels Scheuchenbergwerk der Zerreißprobe der Kunst unterworfen.

9.32 Mit der Reise untertage, der Besichtigung des Bergwerks, will Brauchsel Matern "nach jahrelangem Aufrechnen peinlicher Bilanzen zu peinlichem Saldo"(S.47) verhelfen.

9.33 Matern freilich verkennt das leblose und 'verunglimpfte' Abbild menschlicher Geschichte, die bloße Beschreibung des Systems in zweiunddreißig Firstkammern, wenn er sagt: "Mein Gott, das ist die Hölle! Die wahrhaftige Hölle!"(S.492 (89))

9.331 Diese Fehlleistung von Sensorium und Bewußtsein revidiert Matern nicht, trotz Brauchsels korrigierender Belehrung: "Was hier voreilig Hölle genannt wird, gibt immerhin und pro Schicht dreißig Bergleuten, die von international anerkannten Metallbildhauern und studierten Akustikern angelernt wurden, Lohn und Brot. Unser Reviersteiger, der gute Herr Wernicke, wird bestätigen, daß Knappen und Hauer, die seit zwanzig Jahren im Berg arbeiten, die Hölle überall auf der Tagesoberfläche zu finden bereit sind, doch Untertage noch keine Hölle bestätigt fanden; selbst während matter Bewetterung nicht."(S.486)

9.332 Die Bergwerksbesichtigung, "veranstaltet für den Reisenden Walter Matern, damit er sich bilde an Ort und Stelle"(S.481), bestätigt nur Materns Unvermögen und Weigerung, Geschehenes durch das Abbild zu vergegenwärtigen, in Gegenwärtigem Geschehenes wiederzuerkennen.

9.333 Die 'Hundejahre' seines Lebens, seine Wanderjahre durchs bundesrepublikanische Deutschland, vom Ruhrgebiet ausgehend bis nach Berlin, von dort mit Brauchsel zum Bergwerk - diese

Jahre belehren ihn nicht.

9.4 Der Phänotyp Matern erliegt der Störung von Bewußtseinsvorgängen und Erkenntnisfähigkeit, die Platon im Höhlengleichnis seiner POLITEIA beschreibt.

9.41 Allerdings hält Matern das Abbild für 'wahrhaftig'(S.492), obwohl er das Urbild, die Vorlage, aus eigenem Erleben kennt.

9.5 Bewußt provoziert der Autor Graß mit seiner Konzeption des Bergwerks die Assoziation von platonscher Höhle und dantescher Hölle.

9.51 Matern, deformiert, erkennt nicht, verkennt, und endet vermeintlich dort, wo Dantes COMEDIA DIVINA beginnt, im INFERNO.

9.52 Der Dreischritt der HUNDEJAHRE wird nicht begonnen wie der Dreischritt Dantes mit dem INFERNO; die HUNDEJAHRE enden dort und erscheinen vom Schluß her, der den Anfang ergänzt, als höllisch.

9.521 "Laßt jede Hoffnung hinter Euch, Ihr die Ihr eintretet"(S.5o3 (9o)), müßte nach Meinung Materns am Eingang zum Bergwerk stehen, könnte der erste Satz des Romans heißen;

9.522 denn Brauchsel erwidert: "Der Orkus ist oben!" (S.5o3)

9.6 Der Teufelskreis von Beschriebenem und Beschreiben schließt sich.

9.7 "Was die Welt Übertage absurd nennt, schmeckt Untertage real"(S.493).

9.8 Der Autor Graß nimmt die Rezeption seines Kunstwerks vorweg - man wird absurd heißen, was abbildet ein höllisches System.

9.9 Auch den Einwand, hier seien nur privat-persönliche Geschichten geschrieben, läßt der Autor nicht gelten; es fahren auf aus dem Bergwerk "Dieser und Jener - wer mag sie noch Brauxel und Matern nennen?"(S.5o3)

1o "Jeder badet für sich."(S.5o3), der letzte Satz des Romans will sagen:

1o.o1 Jeder badet für sich allein das System aus.

1o.1 Der deprimierende Schluß aus der Beschreibung von Pression und Deformation lautet:

1o.11 Kollektivem Erleben folgen nicht kollektives Erkennen und kollektives Handeln. Vereinzelt, bleibt der Mensch ausgeliefert dem System, das 'Hundejahre' dauert.

1o.2 Den Deformierten fehlt, systembedingt, das Bewußtsein ihrer Deformation, ihrer Lage, das Klassenbewußtsein.

LITERATURVERZEICHNIS

S p e r r u n g e n in zitierten Texten stammen vom jeweiligen Verfasser, <u>Unterstreichungen</u> von mir. Kürzungen kennzeichne ich mit (...).

Hier nicht angeführte Literatur ist in den VERWEISEN mit den nötigen bibliographischen Angaben verzeichnet.

L 1 Günter Graß
- Die Blechtrommel
Frankfurt/Main 1962 (Fischer Taschenbuch)

L 2 Günter Graß
- Katz und Maus
Reinbek 1963 (rororo Taschenbuch)

L 3 Günter Graß
- Hundejahre
Reinbek 1968 (rororo Taschenbuch)

L 4 Günter Graß
- örtlich betäubt
Neuwied und Berlin 1969

L 5 Günter Graß
- Über meinen Lehrer Döblin
und andere Vorträge
Berlin 1968

L 6 Günter Graß
- Über das Selbstverständliche.
Reden Aufsätze Offene Briefe Kommentare
Neuwied und Berlin 1968

L 7 Rezensionen des Romans HUNDEJAHRE (Auswahl)

a J e n s, Walter in
DIE ZEIT, 6.IX. 1963

b N o l t e, Jost in
Die Welt, 7.IX. 1963

c B l ö c k e r, Günther in
FAZ, 14.IX. 1963

d W a g e n b a c h, Klaus in
DIE ZEIT, 20.IX. 1963

e N a g e l, Ivan in
DIE ZEIT, 27.IX. 1963

f H o r s t, Karl A. in
Merkur, 17.Jg., 1963, S.1oo3 ff.

g W i e g e n s t e i n, Roland H. in
Frankfurter Hefte, 18.Jg., 1963, 12, S.87off.

L 8 TEXT + KRITIK Zeitschrift für Literatur
- Günter Graß
Heft 1, Aachen o.Jg.

L 9 L o s c h ü t z Gert
- Von Buch zu Buch. Günter Graß in der Kritik
Neuwied und Berlin 1968

L 1o W a g e n b a c h Klaus
- Günter Graß in
Schriftsteller d. Gegenwart
hrsg. v. Klaus Nonnenmann
Olten 1963

L 1oa P i i r a i n e n Ilpo
- Textbezogene Untersuchungen über "Katz und Maus" und "Hundejahre" von Günter Graß
Sprachwiss. Seminar, Münster 1966
(1968 als Druck)

L 11 S c h w a r z Wilhelm Johannes
- Der Erzähler Günter Graß
2., veränderte Auflage
Bern 1971

L 12 T h o m a s R. Hinton/ van der W i l l Wilfried
- Günter Graß in
Der deutsche Roman und die Wohlstandsgesellschaft S.8o-1o2
Stuttgart 1969

L 13 G r a t h o f f Dirk
- Schnittpunkte von Literatur und Politik: Günter Graß und die neuere deutsche Graß-Rezeption in
BASIS, Jahrb. f. dt. Gegenwartsliteratur
hrsg. v. Reinhold Grimm + Jost Hermand
Bd. I, Frankfurt/Main 197o, S.134-152

L 14 N o l t e Ernst
- Der Nationalsozialismus (Ullstein Buch)
Frankfurt/Main-Berlin-Wien 197o

L 15 H o f e r Walther (Hrsg.)

- Der Nationalsozialismus. Dokumente 1933-1945
Durchgesehene Auflage
Frankfurt/Main 196o (Fischer Taschenbuch)

L 16 N a u m a n n Bernd (Berichterstatter)

- Auschwitz. Bericht über die Strafsache
gegen Mulka u.a.
Vom Autor gekürzte und bearbeitete Ausgabe
Frankfurt/Main 1968 (Fischer Taschenbuch)

L 17 G a n s b e r g Marie Luise/ V ö l k e r Paul G.

- Methodenkritik der Germanistik
2., unveränderte Auflage. Texte Metzler 16
Stuttgart 1971

L 18 B r i n k m a n n Henning

- Der komplexe Satz im deutschen Schrifttum
der Gegenwart in
Sprachkunst als Weltgestaltung. Festschrift
für Herbert Seidler S.13-26
Salzburg/München 1966

L 19 B r i n k m a n n Henning

- Die deutsche Sprache.
Gestalt und Leistung. Bd. I
Düsseldorf 1962

L 2o H a m b u r g e r Käte

- Die Logik der Dichtung
2., stark veränderte Auflage (1.Aufl.1957)
Stuttgart 1968

L 21 R a s c h Wolfdietrich

- Zur Frage des epischen Präteritums in
Wirkendes Wort, 11.Jg., 1961, 3.Sonderheft,
S.68-81

L 22 H a r t i g Matthias/ K u r z Ursula

- Sprache als soziale Kontrolle.
Neue Ansätze zur Soziolinguistik
Frankfurt/Main 1971 (edition suhrkamp)

L 23 K a h l e r Erich von

- Untergang und Übergang der
epischen Kunstform (1952) in
Untergang und Übergang. Essays
München 197o (dtv Taschenbuch)

L 24 J a u s s Hans Robert

- Literaturgeschichte als Provokation der Literaturwissenschaft
Konstanzer Universitätsreden 3
2.Auflage
Konstanz 1969

L 25 W e l l e r s h o f Dieter

- Literatur und Veränderung.
Versuche zu einer Metakritik der Literatur
Köln und Berlin 1969 (pocket 1)

L 26 L u k a ć s Georg

- Die Theorie des Romans (Erstausgabe Berlin 192o)
Neuwied und Berlin 1971 (Sammlung Luchterhand)

L 27 L ä m m e r t Eberhard

- Bauformen des Erzählens
Zweite, durchgesehene Auflage (Erste Aufl.1955)
Stuttgart 1967

L 28 K l o t z Volker (Hrsg.)

- Zur Poetik des Romans
Darmstadt 1965

L 29 G r i m m Reinhold (Hrsg.)

- Deutsche Romantheorien
Frankfurt/Main und Bonn 1968

L 3o G o l d m a n n Lucien

- Soziologie des modernen Romans
Neuwied und Berlin 197o

L 31 S k l o v s k i j Viktor

- Theorie der Prosa
(Originalausgabe Moskau 1925)
übersetzt von Gisela Drohla
Frankfurt/Main 1966

L 32 E j c h e n b a u m Boris

- Aufsätze zur Theorie und Geschichte der Literatur
übersetzt von Alexander Kaempfe
Frankfurt/Main 1965 (edition suhrkamp)

L 33 T y n j a n o v Jurij

- Die literarischen Kunstmittel und die Evolution in der Literatur
übersetzt von Alexander Kaempfe
Frankfurt/Main 1967 (edition suhrkamp)

L 34 W i t t g e n s t e i n Ludwig

- Tractatus logico-philosophicus
6.Auflage (Erstausgabe 1921)
Frankfurt/Main 1969

L 35 W i t t g e n s t e i n Ludwig

- Über Gewißheit
hrsg. v. G.E.M.Anscombe und G.H.von Wright
Frankfurt/Main 197o (Bibliothek Suhrkamp)

L 36 M a r x Karl

- Die Frühschriften
hrsg. von Siegfried Landshut
Stuttgart 1953

L 37 M a r x Karl

- Lohnarbeit und Kapital
12., veränderte Auflage
Berlin (Ost) 1971

L 38 E n g e l s Friedrich

- Die Entwicklung des Sozialismus
von der Utopie zur Wissenschaft
15.Auflage
Berlin (Ost) 197o

L 39 L u k a ć s Georg

- Geschichte und Klassenbewußtsein.
Studien über marxistische Dialektik
(Erstausgabe Berlin 1923)
Neuwied und Berlin 197o (Sammlung Luchterhand)

L 4o P e t r o v i ć Gajo

- Philosophie und Revolution.
Modelle für eine Marx-Interpretation
Reinbek 1971 (rowohlts deutsche enzyklopädie)

L 41 M a r c u s e Herbert

- Der eindimensionale Mensch.
Studien zur Ideologie der fortgeschrittenen
Industriegesellschaft
übersetzt von Alfred Schmidt
Neuwied und Berlin 197o (Sammlung Luchterhand)

L 42 G o l d m a n n Lucien

- Dialektische Untersuchungen
Neuwied und Berlin 1966 (Soziol. Texte 29)

VERWEISE UND EXKURSE

1 Marx, Grundrisse der Kritik der Politischen Ökonomie, Berlin 1953, S.599

2 Petrović, L 4o, S.29

3 Im Vorabdruck des Romans fehlte diese Aufteilung unter ein Autorenkollektiv. Darauf geht Walter Jens in seiner Kritik, L 7a, ein. Wagenbach antwortet auch darauf in seiner Replik, L 7d.

4 ÖRTLICH BETÄUBT, L 4, S.114f.

5 BLECHTROMMEL, L 1, S.35

6 BT, L 1, S.47

7 BT, L 1, S.95

8 BT, L 1, S.99

9 Manfred Durzak, Fiktion und Gesellschaftsanalyse. Die Romane von Günter Graß in Der deutsche Roman der Gegenwart, Stuttgart 1971, S.1o8-173; S.129

1o BT, L 1, S.11

11 Allein die Taschenbuchausgabe erreichte bis März 1972 das 755. Tausend.

12 zuletzt so Durzak, a.a.O., in seiner Rezension der vier Romane.

13 BT, L 1, S.84

14 Als Mahlke Pilenz um Hilfe bittet, heißt es: "Aber ich wollte abermals nichts damit zu tun haben: 'Kriech sonstwo unter.'" KATZ UND MAUS, L 2, S.126

15 KATZ UND MAUS, L 2, S.83

16 BT, L 1, S.11: "Man kann eine Geschichte in der Mitte beginnen und vorwärts wie rückwärts kühn ausschreitend Verwirrung stiften. Man kann sich modern geben, alle Zeiten, Entfernungen wegstreichen und hinterher verkünden oder verkünden lassen, man habe endlich und in letzter Stunde das Raum-Zeit-Problem gelöst. Man kann auch ganz zu Anfang behaupten, es sei heutzutage unmöglich, einen Roman zu schreiben, dann aber, sozusagen hinter dem eigenen Rücken, einen kräftigen Knüller hinlegen, um schließlich als letztmöglicher Romanschreiber dazustehen."

17 Ekkehart Rudolph (Hrsg.), Günter Graß in Protokoll zur Person, München 1971, S.59-72; S.67

18 KATZ UND MAUS, L 2, S.1o5

19 Durzak, a.a.O., S.132

2o Durzak, a.a.O., S.136

21 Graß, L 5, S.21

22 Graß, L 5, S.14

23 Jens, L 7a

24 Piirainen, L 1oa

25 Schwarz, L 11

26 Schwarz, L 11, S.6o

27 Jens, L 7a

28 Jens, L 7a

29 Vormweg, Apokalypse mit Vogelscheuchen, in Deutsche Zeitung, Köln, 31.VIII. 1963, zitiert nach L 9, S.71

3o Wiegenstein, HUNDEJAHRE, Westdeutscher Rundfunk Köln, 28.X. 1963, zitiert nach L 9, S.78

31 Wagenbach in L 7d und L 1o

32 Brinkmann, L 18

33 Brinkmann, L 18, S.26; vgl. Anm.59 meiner Untersuchung

34 Thomas/van der Will, L 12, S.1o2

35 Grathoff, L 13

36 Graß beschäftigt sich mit diesem Problem in seiner Rede VOM MANGELNDEN SELBSTVERTRAUEN DER SCHREIBENDEN HOFNARREN UNTER BERÜCKSICHTIGUNG NICHT VORHANDENER HÖFE, abgedruckt in L 5, S.67-72

37 Grathoff, L 13, S.135

38 Wiegenstein, zitiert nach L 9, S.78

39 siehe Sammelband ÜBER DAS SELBSTVERSTÄNDLICHE, L 6

4o Wittgenstein, L 34, S.42

41 Vorerst wird diese Schreibweise kommentarlos von mir übernommen.

42 HUNDEJAHRE, L 3, S.9 - Zitate aus dem Roman werden durch eingeklammerte Seitenzahlen im fortlaufenden Text angegeben.

43 Brinkmann, L 19, S.323. Brinkmanns Definition der Tempora verdanke ich wesentliche Anregung zu diesem Teil der Arbeit.

44 Hamburger, L 2o, S.74

45 Brinkmann, L 19, S.323ff.

46 Brinkmann, L 19, S.332

47 Auf die mehrfachen Verwandlungen dieser Figur gehe ich genauer ein in der fünften These.

48 BLECHTROMMEL, L 1, S.361. Die Übernahme dieses Zitats für meine Analyse der HUNDEJAHRE rechtfertige ich mit einer Feststellung Brauchsels in der 'Dreißigsten Frühschicht': "Frühschichten Liebesbriefe Materniaden: Brauxel und seine Mitautoren gingen bei jemandem in die Schule, der zeit seines Lebens fleißig war, auf lackiertem Blech."(S.9o)

49 Dazu Käte Hamburgers Bemerkungen zur 'Als-ob'-Struktur und ihre Entscheidung für die 'Als'-Struktur von Dichtung in DIE LOGIK DER DICHTUNG, L 2o, S.55ff.

5o vgl. die siebte These dieser Arbeit

51 Dieser Begriff des mit der formalen Methode arbeitenden russischen Literaturtheoretikers Viktor Sklovskij, und die sich daraus ergebenden Folgerungen, erweitern das Verständnis für die Arbeitsweise von Graß. Vgl. Sklovskij, L 31, S.7ff. Daß die sogenannten Formalisten sich der Möglichkeiten und Grenzen ihrer Methode bewußt waren und sie als Schritt innerhalb der Evolution der Literatur verstanden, erhellt aus Boris Ejchenbaums Aufsatz DIE THEORIE DER FORMALEN METHODE, in L 32, S.7ff. und Jurij Tynjanovs Arbeit ÜBER LITERARISCHE EVOLUTION in L 33, S.37ff.

52 Das wird in gegenwärtiger Literatur versucht beispielsweise von Heißenbüttel, Mon, Jandl, Bremer.

53 Nicht unter dem Aspekt der Simultaneität, sondern unter dem des technischen Bewältigens der 'Synchronisierung von Zeitabläufen' beschreibt Eberhard Lämmert, L 27, S.1ooff., dieses Phänomen.

54 vgl. dazu den eigenartigen Einwand von Walter Jens gegen die HUNDEJAHRE: "Erst wenn er (gemeint ist der Leser) das Ganze kennt, versteht er die Teile; erst wenn ihm der Schluß vertraut ist, begreift er den Anfang." in Jens, L 7a

55 Ähnliche Bemerkungen gibt der Autor Graß: "Was immer die anderen Chronisten, die mit Brauxel seit neun Frühschichten um die Wette schreiben"(S.27); "Der Herr Schauspieler macht Schwierigkeiten! Während Brauxel und der junge Mann tagtäglich schreiben - der eine über Amsels Diarium, der andere über und an seine Cousine -"(S.45); "Allein einen Vorteil bewies das Datum des vierten Februar: alle drei Manuskripte wurden termingerecht fertig"(S.1o1).

56 Darauf gehe ich noch einmal in der achten These ein.

57 Brinkmann, L 19, S.323ff.

58 Wittgenstein, L 35, S.144

59 Damit modifiziere ich, Brinkmann widersprechend, seine Behauptung: "Es handelt sich um ein Erzählen nicht von der 'Welt' her, sondern von der Sprache her und mit der Sprache. Der Erzähler aktualisiert und entfaltet, was an Möglichkeiten in der Sprache liegt; er läßt sich von der Sprache führen.", L 18, S.26.
Brinkmann kommt zu diesem Schluß, nachdem er einen Satz aus der 'Sechsten Frühschicht' auf seine 'komplexe Struktur' hin untersucht hat. Nicht diese fundierte und genaue Analyse, der ich mich in der Methode verpflichtet fühle, sondern den die Sprache absolut setzenden Schluß daraus kritisiere ich. Dieser Schluß ist, wenn man meine Ergebnisse auf den von Brinkmann untersuchten Satz anwendet, nicht haltbar. Wissen, Erinnern, Erzählen sind bei Graß beeinflußt von 'Welt' und Sprache. Räumt man ihm das nicht eim, verkennt man den Hauptteil seiner erzählerischen Intention: zu erinnern an das, was alle vergessen wollen; zu zeigen das, was alle übersehen wollen. Daraus resultieren doch die wütenden Angriffe auf eine Prosa, die - es erscheint überflüssig, wiewohl es notwendig ist zu sagen - eine Prosa, die in zeitgenössischer deutscher Literatur ihresgleichen sucht. Diese Angriffe gelten nicht der Sprache des Günter Graß, sondern seinem Erzählen 'von der Welt her'.

60 KATZ UND MAUS, L 2, S.39

61 Walter Jens moniert das in seiner Kritik: "wieviel souveräner als Harry Liebenau hätte eine freie Figur, der eine omnipotente Erzähler, die Ummontierung von Amsel und Jenny Brunies zu beschreiben gewußt!", Jens,

L 7a. - Jens verkennt die erzählerische Intention von Günter Graß und die Aufgabe des Autorenkollektivs: zwielichtige Ereignisse auch schwer durchschaubar zu machen und erscheinen zu lassen, ihre Wahrnehmung dem Lesenden zu erschweren; damit auch die Erzählerrolle klassischer Prägung in Zweifel zu ziehen, und den Leser zum Prüfen zu zwingen. Vgl. die fünfte These dieser Arbeit.

62 Sklovskij, KUNST ALS KUNSTGRIFF, in L 31, S.14

63 Daß diese Methode in ufer- und ergebnislose Tautologien mündet, zeigt eindringlich die Dissertation von Robert Leroy, DIE BLECHTROMMEL, Versuch einer Deutung, Liège 1967/68.

64 Vgl. HUNDEJAHRE: "Denn solange wir noch Geschichten erzählen"(S.474).

65 Ähnlich wie in Jean Pauls Roman SIEBENKÄS hat der Scheintod hier funktionale Bedeutung; womit sich die Frage nach der faktischen Wahrscheinlichkeit erübrigt.

66 Hinweise auf die Identität von Brauchsel-Amsel-Haseloff-Goldmäulchen gibt der Autor Graß mit erzählerischer Raffinesse. In der 'Fünfzehnten Frühschicht' wird über "ein gutes Dutzend freie Seiten"(S.45) in Eddis Diarium berichtet, die Amsel "später, als Haseloff und Goldmäulchen (...) sentenzenreich füllte."(ebd.) Amsels allergische Reaktion auf "frische Wäsche und ungetragene Kleider"(S.68) zieht in der 'Dreiundzwanzigsten Frühschicht' die Bemerkung nach sich: "wie auch Brauxel nach einer Rasur mit neuer Klinge das Auftreten der scheußlichen Bartflechte befürchten muß."(ebd.) Die 'Einunddreißigste Frühschicht' beginnt mit einem Bericht über die Schreibsituation des Autors Brauchsel, an die er übergangslos die Erzählung von Amsels Aufenthalt im Landschulheim mit dem Personalpronomen 'ihm' anschließt: "Ihm vergeht die erste Ferienwoche im Landschulheim Saskoschin"(S.93). Diese scheinbare, grammatikalische Nachlässigkeit verstärkt den Verdacht auf die synthetische Identität der Figur. Darauf verweist auch Liebenau, der den Besitz eines Amsel'schen Zahnes begründet: "denn Herr Brauxel, der Anspruch auf den Zahn hätte, läßt ihn in meinem Portemonnaie."(S.2oo) Wenig später beschreibt er seiner Cousine, wie Haseloff sich "gegen gutes, vormals Amselsches, nun Haseloffsches Geld, den eingefallenen Mund mit Gold füllen" (S.2oo) läßt.

67 Vgl. die 1966 von Graß in Princeton gehaltene Rede VOM MANGELNDEN SELBSTVERTRAUEN DER SCHREIBENDEN HOFNARREN UNTER BERÜCKSICHTIGUNG NICHT VORHANDENER HÖFE, L 5, S.67-72

68 S.73 heißt es über Amsel: "denn immer, auch während Tränen fließen, muß er jemanden, notfalls sich selber imitieren".

69 Den Begriff 'Phänotyp' verwendet der Autor Graß mehrmals für Matern. Vgl. HUNDEJAHRE pp. 354, 4o4, 421, 436, 438, 454.

7o Diese Stammreihe findet sich modifiziert mehrmals: pp. 2o, 37, 137, 28o, 281, 289, 449.

71 Flechtner, H.-J., GRUNDBEGRIFFE DER KYBERNETIK, 2. berichtigte Auflage, Stuttgart 1967, S.75.

72 rororo-Lexikon, Reinbek 1966, Bd. 6, S.1371, Sp. 1

73 Jens, L 7a

74 Hölderlin, HYPERION, in Sämtl. Werke, hrsg. v. Friedr. Beißner, Frankfurt/Main 1961, S.563

75 Jens, L 7a

76 Vgl. Sklovskij, L 31, S.45: "Wie allgemein anerkannt, wird das Märchen vom Formelhaften beherrscht."

77 Flechtner, a.a.O., S.75. Erstaunlich ist, wie diese Erkenntnisse der Kybernetik die theoretischen Gedanken der Formalisten stützen.

78 Dieses Oxymoron findet sich bei Alfred Döblin, AUFSÄTZE ZUR LITERATUR, Olten und Freiburg 1963, S.18

79 HUNDEJAHRE, S.266: "Und die Knochen, weiße Berge, die geschichtet wurden neulich, wüchsen reinlich ohne Krähen: Pyramidenherrlichkeit. Doch die Krähen, die nicht rein sind, knarrten ungeölt schon gestern: nichts ist rein, kein Kreis, kein Knochen. Und die Berge, hergestellte, um die Reinlichkeit zu türmen, werden schmelzen kochen sieden, damit Seife, rein und billig; doch selbst Seife wäscht nicht rein."

8o Variationen und Erhellungen dieses Doppelsinnes finden sich im Roman pp. 337, 345, 356, 361, 396, 4o1, 4o2, 4o8, 427, 44o, 458, 478, 497.

81 Paul Konrad Kurz, ÜBER MODERNE LITERATUR, Frankfurt/Main 1967; dort im Aufsatz 'Hundejahre', S.16o.

82 Informativ und lehrreich dazu der Artikel von Brigitte Heinrich: DIE BUNDESREPUBLIK IM SYSTEM DES IMPERIALISMUS in KURSBUCH 21, Berlin 197o, S.16o-195, in dem die Verfasserin abschließend feststellt: "Das bedeutet jedoch nicht, daß das System eine eigenständige Entwick-

lung in der Dritten Welt zuließe oder daß deren Ausbeutung abnähme; es paßt sich vielmehr an die veränderten Bedingungen der ökonomischen Expansion an und soll den alten Ausbeutungszusammenhang zwischen Erster und Dritter Welt auf lange Sicht absichern. Unter den gegebenen Bedingungen wird die Bundesrepublik innerhalb dieses Systems einen hervorragenden Platz erobern." (S.192) Dieses System wird treffend charakterisiert durch eine imselben KURSBUCH, S.138 aus einem Vertrag zwischen Rhodesien und Portugal angeführte Klausel: "Die beim Transport umkommenden Afrikaner werden kostenlos ersetzt."

83 Vgl. "Die siebenundachtzigste wurmstichige Materniade", S.363-38o.

84 Vorsichtshalber und vorbeugend sei erklärt, daß mit dieser vom Autor Graß provozierten Assoziation Goethes FAUST nicht vereinfachend umfunktioniert werden soll. Zweifellos jedoch hat FAUST II diese Stationen: Kapital(Papiergeld), Gewalt(Krieg) und Imperialismus (Kolonialismus). Wie weit diese Assoziation trägt und wissenschaftlich ausbaufähig ist, bleibt anderen Untersuchungen vorbehalten. Daß Assoziationen dieser Art untrennbar sind von wissenschaftlicher Arbeit, dialektischem Denkprozeß, und sich aus dem historischen Bewußtsein nicht eliminieren lassen, ohne dieses Bewußtsein damit zu negieren, setzt die vorliegende Arbeit allerdings voraus.

85 Diese der Aufzählung menschlicher Geschlechter gleichende Diktion findet sich mehrmals: pp. 2o, 37, 55, 137, 28o, 281, 289.

86 Alfred Sohn-Rethel, EIN KOMMENTAR NACH 38 JAHREN, in KURSBUCH 21, Berlin 197o, S.28

87 Flechtner, a.a.O., S.49

88 ebd.

89 Matern formuliert diese Sinnestäuschung wiederholt: pp. 484, 486, 487, 488, 489, 492, 493, 497, 498, 5o1.

9o Bei Dante heißt das im Dritten Gesang des INFERNO: "Laßt jede Hoffnung fahren, wenn Ihr eingetreten." Dante, DIE GÖTTLICHE KOMÖDIE, übersetzt von Hermann Gmelin, Stuttgart 1966, S.15.

LEBENSLAUF

1942 am 3.Juni in Leipzig geboren

1948 Volksschule Neukirchen/Erzgeb.

195o Volksschule Altmittweida/Sachsen

1954 Evangelisches Gymnasium zu Grauen Kloster in Berlin (West)

1961 Albertus Magnus Gymnasium Rottweil

1963 Humanistisches Abitur am Albertus Magnus Gymnasium. Studienbeginn in München. Fächer: Theatergeschichte, Neuere Deutsche Literaturwissenschaft, Deutsche Philologie, Philosophie, Ägyptologie.

1965 Sommersemester an der Universität Köln
Wintersemester an der Universität München

1968 Magisterprüfung im Mai an der Universität München. Fächer: Neuere Deutsche Literaturwissenschaft, Deutsche Philologie, Philosophie. Thema der schriftlichen Hausarbeit: "Leid und Befreiung in Jean Pauls Roman SIEBENKÄS".

Übernahme eines Lektorates für Deutsche Sprache und Literatur am Wagner College Study Program Staten Island New York/ Bregenz.

1972 Doktorprüfung im Februar an der Universität München

Referent der als Dissertation vorgelegten verkürzten Fassung dieser Untersuchung war Professor Dr. Helmut Motekat. Ich bin ihm zu Dank verpflichtet.

SUMMARY

The dissertation explores the structure and language of the novel HUNDEJAHRE by Günter Grass. In ten theses, patterns and figures are examined in terms of their literary value. Germany's recent past serves both as a background and motivating power of Grass's narrative; the Weimar Republic, Hitler's Reich, the Second World War and post-war Germany provide the macabre scenario around which the book revolves. That Grass is bringing to mind what many are trying to forget as quickly as possible is present throughout the whole book. By virtue of majestic wordplay, full utilisation of the special non-temporal function particular to German tenses, even the creation of his own language, the author succeeds in concentrating into the lives of a few characters the many and various events of his chosen period. The novel is narrated by a collective of three authors who - as is normal in the modern novel - are not constructed and cannot be grasped as, psychological characters, but as figures larger than life, combining in themselves several ranges of experience, to be apprehended, therefore, as 'Phänotypen'. The technique of dividing the narrative into three parts is adequate for the time-span with which it deals; the collective acts at the same time as a corrective. A magnificent description of a mine-inspection by the main characters - the mine at once Dante's hell and Plato's cave - brings to a close a novel which can be seen as standing at the end of a line stretching from Sterne through Jean Paul and Alfred Döblin. Keeping closely to the text, the dissertation demonstrates the novel's significance for modern German literature, therewith concerning itself with a somewhat neglected field in Germany.

GAG 1: U. Müller, „Dichtung" und „Wahrheit" in den Liedern Oswalds von Wolkenstein: Die autobiographischen Lieder von den Reisen. (1968)

GAG 2: F. Hundsnurscher, Das System der Partikelverben mit „aus" in der Gegenwartssprache. (1968)

GAG 3: J. Möckelmann, Deutsch-Schwedische Sprachbeziehungen. Untersuchung der Vorlagen der schwedischen Bibelübersetzung von 1536 und des Lehngutes in den Übersetzungen aus dem Deutschen. (1968)

GAG 4: E. Menz, Die Schrift Karl Philipp Moritzens „Über die bildende Nachahmung des Schöner (1968)

GAG 5: H. Engelhardt, Realisiertes und Nicht-Realisiertes im System des deutschen Verbs. Das syntaktische Verhalten des zweiten Partizips. (1969)

GAG 6: A. Kathan, Herders Literaturkritik. Untersuchungen zu Methodik und Struktur am Beispi der frühen Werke. (2. Aufl. 1970)

GAG 7: A. Weise, Untersuchungen zur Thematik und Struktur der Dramen von Max Frisch. (2. Aufl. 1970) (3. Aufl. 1972)

GAG 8: H.-J. Schröpfer, „Heinrich und Kunigunde". Untersuchungen zur Verslegende des Ebernand von Erfurt und zur Geschichte ihres Stoffs. (1969)

GAG 9: R. Schmitt, Das Gefüge des Unausweichlichen in Hans Henny Jahnns Romantrilogie „Fluß ohne Ufer". (1969)

GAG 10: W.E. Spengler, Johann Fischart, genannt Mentzer. Studie zur Sprache und Literatur des ausgehenden 16. Jahrhunderts. (1969)

GAG 11: G. Graf, Studien zur Funktion des ersten Kapitels von Robert Musils Roman „Der Mann ohne Eigenschaften". Ein Beitrag zur Unwahrhaftigkeitstypik der Gestalten. (1969)

GAG 12: G. Fritz, Sprache und Überlieferung der Neidhart-Lieder in der Berliner Handschrift germ. fol. 779 (c). (1969)

GAG 13: L.-W. Wolff, Wiedereroberte Außenwelt. Studien zur Erzählweise Heimito von Doderers am Beispiel des „Romans No 7". (1969)

GAG 14: W. Freese, Mystischer Moment und reflektierte Dauer. Zur epischen Funktion der Liebe im modernen deutschen Roman. (1969)

GAG 15: U. Späth, Gebrochene Identität. Stilistische Untersuchungen zum Parallelismus in E.T.A. Hoffmans ‚Lebensansichten des Kater Murr'. (1970)

GAG 16: U. Reiter, Jakob van Hoddis. Leben und lyrisches Werk. (1970)

GAG 17: W.E. Spengler, Der Begriff des Schönen bei Winckelmann. Ein Beitrag zur deutschen Klassik. (1970)

GAG 18: F.K.R.v.Stockert, Zur Anatomie des Realismus: Ferdinand von Saars Entwicklung als Novellendichter. (1970)

GAG 19: St. R. Miller, Die Figur des Erzählers in Wielands Romanen. (1970)

GAG 20: A. Holtorf, Neujahrswünsche im Liebeslied des ausgehenden Mittelalters. Zugleich ein Beitrag zum mittelalterlichen Neujahrsbrauchtum in Deutschland.

GAG 21: K. Hotz, Bedeutung und Funktion des Raumes im Werk Wilhelm Raabes. (1970)

GAG 22/23: R.B. Schäfer-Maulbetsch, Studien zur Entwicklung des mittelhochdeutschen Epos. Die Kampfschilderungen in „Kaiserchronik", „Rolandslied", „Alexanderlied", „Eneide", „Liet von Troye" und „Willehalm".

GAG 24: H. Müller-Solger, Der Dichtertraum. Studien zur Entwicklung der dichterischen Phantasie im Werk Christoph Martin Wielands. (1970)

GAG 25: Formen mittelalterlicher Literatur. Siegfried Beyschlag zu seinem 65. Geburtstag von Kollegen, Freunden und Schülern. Herausgegeben von O. Werner und B. Naumann. (1970)

GAG 26: J. Möckelmann/S. Zander, Form und Funktion der Werbeslogans. Untersuchung der Sprache und werbepsychologischen Methoden der Slogans. (1970) (2. Aufl. 1972)

GAG 27: W.-D. Kühnel, Ferdinand Kürnberger als Literaturtheoretiker im Zeitalter des Realismus. (1970)

GAG 28: O. Olzien, Wirken. Aktionsform und Verbalmetapher bei Goethe. (1971)

GAG 29: H. Schlemmer, Semantische Untersuchungen zur verbalen Lexik. Verbale Einheiten und Konstruktionen für den Vorgang des Kartoffelerntens. (1971)

GAG 30: L. Mygdales, F.W. Waiblingers „Phaethon". Entstehungsgeschichte und Erläuterungen. (1971)

GAG 31: L. Peiffer, Zur Funktion der Exkurse im „Tristan" Gottfrieds von Straßburg. (1971)

GAG 32: S. Mannesmann, Thomas Manns Roman-Tetralogie „Joseph und seine Brüder" als Geschichtsdichtung. (1971)

GAG 33: B. Wackernagel-Jolles, Untersuchungen zur gesprochenen Sprache. Beobachtungen zur Verknüpfung spontanen Sprechens. (1971)

GAG 34: G. Dittrich-Orlovius, Zum Verhältnis von Erzählung und Reflexion im „Reinfried von Braunschweig". (1971)

GAG 35: H.P. Kramer, Erzählerbemerkungen und Erzählerkommentare in Chrestiens und Hartmanns „Erec" und „Iwein". (1971)

GAG 36: H. Dewitz, „Dante Deutsch". Studien zu Rudolf Borchardts Übertragung der „Divina Comedia" (1971)

GAG 37: P. Haberland, The Development of Comic Theory in Germany during the Eighteenth Century. (1971)

GAG 38/39: E. Dvoretzky, G.E. Lessing. Dokumente zur Wirkungsgeschichte (1755 - 1968) (1971/1972)

GAG 40/41: G. F. Jones/U. Müller, Verskonkordanz zu den Lieder Oswalds von Wolkenstein. (1972)

GAG 42: R. Pelka, Werkstückbenennungen in der Metallverarbeitung. Beobachtungen zum Wortschatz und zur Wortbildung der technischen Sprache im Bereich der metallverarbeitenden Fertigungstechnik. (1971)

GAG 43: L. Schädle, Der frühe deutsche Blankvers unter besonderer Berücksichtigung seiner Verwendung durch Chr. M. Wieland.

GAG 44: U. Wirtz, Die Sprachstruktur Gottfried Benns. Ein Vergleich mit Nietzsche. (1971)

GAG 45: E. Knobloch, Die Wortwahl in der archaisierenden chronikalischen Erzählung: Meinhold, Raabe, Storm, Wille, Kolbenheyer. (1971)

GAG 46: U. Peters, Frauendienst. Untersuchungen zu Ulrich von Lichtenstein und zum Wirklichkeitsgehalt der Minnedichtung. (1971)

GAG 47: M. Endres, Word Field and Word Content in Middle High German. The Applicability of Word Field Theory to the Intellectual Vocabulary in Gottfried von Strassburg's „Tristan". (1971)

GAG 48: G.M. Schäfer, Untersuchungen zur deutschsprachigen Marienlyrik des 12. und 13. Jahrhunderts (1971)

GAG 49: F. Frosch-Freiburg, Schwankmären und Fabliaux. Ein Stoff- und Motivvergleich. (1971)

GAG 50/51: G. Steinberg, Erlebte Rede, Ihre Eigenart und ihre Formen in neuerer deutscher, französischer und englischer Erzählliteratur (1971)

GAG 52: O. Boeck, Heines Nachwirkung und Heine-Parallelen in der französischen Dichtung (1971)

GAG 53: F. Dietrich - Bader, Wandlungen der dramatischen Bauform vom 16. Jahrhundert bis zur Frühaufklärung. Untersuchungen zur Lehrhaftigkeit des Theaters. (1972)

GAG 54: H. Hoefer, Typologie im Mittelalter, Zur Übertragbarkeit typologischer Interpretation auf weltliche Dichtung. (1971)

GAG 55/56: U. Müller, Politische Lyrik des deutschen Mittelalters. I Einleitung, tabellarische Übersicht mit Einzelkommentaren von den Anfängen bis Michel Beheim. II Untersuchungen.

GAG 57: R. Jahovič, Wilhelm Gerhard aus Weimar, ein Zeitgenosse Goethes. (1972)

GAG 58: B. Murdoch, The Fall of Man in the Early Middle High German Biblical Epic: the „Wiener Genesis", the „Vorauer Genesis" and the „Anegenge". (1972)

GAG 59: H. Hecker, Die deutsche Sprachlandschaft in den Kantonen Malmedy und St. Vith. Untersuchungen zur Lautgeschichte und Lautstruktur ostbelgischer Mundarten. (1972)

GAG 60: Wahrheit und Sprache. Festschrift für Bert Nagel zum 65. Geburtstag am 27. August 1972. Unter Mitwirkung von Karl Menges hsg. von W. Pelters und P. Schimmelpfennig. Mit Beiträgen von: E. Biser, E. Jammers, K.H. Halbach, H. Adolf, W. Freese, G. Eis/H.-J. Ver meer, E. Sobel, W. Peters, F. Neumann, K. Menges, H. v. Hofe, W. Wittkowski, P. Schimmelpfennig, H. Lehnert, Th. Fiedler, V. Sander, G. de Mallac-Sauzier, F. C. Lang. (1972)

GAG 61: J. Schröder, Zu Darstellung und Funktion der Schauplätze in den Artusromanen Hartmanns von Aue. (1972)

GAG 62: D. Walch, Caritas. Zur Rezeption des ‚mandatum novum' in altdeutschen Texten. (1972)

GAG 63: H. Mundschau, Sprecher als Träger der ‚tradition vivante' in der Gattung‚Märe' (1972)

GAG 64: D. Strauss, Redegattungen und Redearten im „Rolandslied" sowie in der „Chanson de Roland" und in Strickers „Karl". (1972)

GAG 65: ‚Getempert und gemischet' für Wolfgang Mohr zum 65. Geburtstag von seinen Tübinger Schülern. Hsg. von F. Hundsnurscher und U. Müller. Mit Beiträgen von R. Grimm, H.-F. Reske, G. Vogt, H. Siefken, K. Kloocke, W. Kühnemann, P. Jentzsch, H. Mayer, J. Dohse, U. Müller, B. Molinelli-Stein, L. Völker, J. Brummack, W. Friese, G. Fritz, F. Hundsnurscher, D. Wenzelburger. (1972)

GAG 66: H. Fröschle, Justinus Kerner und Ludwig Uhland. Geschichte einer Dichterfreundschaft. (1972/73)

GAG 67: U. Zimmer, Studien zu ‚Alpharts Tod' nebst einem verbesserten Abdruck der Handschrift. (1972)

GAG 68: U, Müller (Hsg.) Politische Lyrik des deutschen Mittelalters. Texte I (Von der Zeit Friedrichs II bis Ludwig dem Bayern). (1972)

GAG 69: Y. Pazarkaya, Die Dramaturgie des Einakters. Der Einakter als besondere Erscheinungsform im deutschen Drama des 18. Jahrhunderts. (1972/73)

GAG 70: Festschrift für Kurt Herbert Halbach. Zum 70. Geburtstag am 25. Juni 1972. Arbeiten aus seinem Schülerkreis. Hsg. von R.B. Schäfer-Maulbetsch, M. G. Scholz und G. Schweikle. Mit Beiträgen von: K. Hummel, G. Schweikle, P. Hölzle, R.B. Schäfer-Maulbetsch, H. Weidhase, J. Kühnel, J. Schäfer, M.G. Scholz, K.-M. Petersen, B. Völker Hezel, W. Freese, V. v. Gilhausen, E.T. Rosenthal, G. Grimm, U. Stamer, G. Schäfer, U. Widmaier, W. Häring. (1972)

LITTERAE

Göppinger Beiträge zur Textgeschichte

herausgegeben von

Ulrich Müller, Franz Hundsnurscher und Cornelius Sommer

LIT 1: DIE GROSSE HEIDELBERGER (MANESSISCHE) LIEDERHANDSCHRIFT. In Abbildung herausgegeben von Ulrich Müller. Mit einem Geleitwort von Wilfried Werner. (1971)

LIT 2: HEINRICH VON MORUNGEN. Abbildungen zur gesamten handschriftlichen Überlieferung. Herausgegeben von Ulrich Müller. (1971)

LIT 3: HARTMANN VON AUE, DER ARME HEINRICH. Materialien und Abbildungen zur gesamten handschriftlichen Überlieferung. Herausgegeben von Ulrich Müller. (1971)

LIT 4: WOLFRAM VON ESCHENBACH, PARZIVAL. Lachmanns „Buch III", Abbildung der Leithandschriften D und G. Herausgegeben von Jürgen Kühnel. (1971)

LIT 5: DER TROBADOR WILHELM IX. VON AQUITANIEN. Abbildungen zur handschriftlichen Überlieferung. Mit Text und Übersetzung herausgegeben von Peter Hölzle.

LIT 6: WERNER DER GÄRTNER, MEIER HELMBRECHT. Abbildungen zur handschriftlichen Überlieferung. Herausgegeben von Franz Hundsnurscher.

LIT 7: WALTHER VON DER VOGELWEIDE. Abbildungen und Materialien zur gesamten handschriftlichen Überlieferung. Herausgegeben von Ulrich Müller.

LIT 8: DER STRICKER. Abbildungen zur handschriftlichen Überlieferung der Verserzählungen „Der nackte Bote" und „Die Martinsnacht" sowie zum „Weinschwelg" Hrsg. v. Johannes Janota.

LIT 9: DER TROBADOR JAUFRE RUDEL. Abbildungen zur handschriftlichen Überlieferung. Herausgegeben von Peter Hölzle.

LIT 10: DIE JENAER LIEDERHANDSCHRIFT. Hsg. v. U. Müller u. H. Tervooren.

LIT 11: Abbildungen zurNEIDHART - Überlieferung I: Die Berliner NEIDHART - Hs. R. und die Pergament-Fragmente. Hrsg. von Gerd Fritz.

LIT 12: Abbildungen zur Überlieferung der Lieder OSWALDS VON WOLKENSTEIN I: Die Innsbrucker Wolkenstein-Hs. B. Herausgegeben von Ulrich Müller und Hans Moser.

LIT 13: TANNHÄUSER. Abbildungen zur handschriftlichen Überlieferung. Mit Transkription und Herausgebervarianten.

LIT 14: BILDMATERIAL ZUR MITTELALTERLICHEN ÜBERLIEFERUNGSGESCHICHTE. Herausgegeben von Günther Schweikle.

LIT 15: Abbildungen zur NEIDHART - Überlieferung II: Die Berliner Neidhart-Handschrift c. Herausgegeben von Gerd Fritz

LIT 16: Abbildungen zur Überlieferung der Lieder OSWALDS VON WOLKENSTEIN II: Die Innsbrucker Wolkenstein-Handschrift c. Herausgegeben von Ulrich Müller.

LIT 17: ULRICH VON LICHTENSTEIN, Frauendienst (Ausschnitte). In Abb. aus dem Münchner Cod. germ. 44 und der Großen Heidelberger Liederhandschrift hsg. v. Ursula Peters.

LIT 18: Die sogenannte „MAINAUER NATURLEHRE" der Basler Hs. B. VIII 27. Abbildung, Transkription, Kommentar. Hsg. von Helmut R. Plant, Marie Rowlands und Rolf Burkhart.

LIT 19: GOTTFRIED VON STRASSBURG, Tristan. Ausgewählte Abbildungen zur Überlieferung. Hsg. von Hans-Hugo Steinhoff.

LIT 20: Abbildungen zur deutschen Sprachgeschichte. I Bildband. Hsg. von Helmut R. Plant.

LIT 21: HANS SACHS, Fastnachtspiele und Schwänke. In Abbildungen aus der Sachs-Hs. Amb. 2° 784 der Stadtbibliothek Nürnberg hsg. von Walter Eckehart Spengler.

LIT 22: HEINRICH HALLER, Übersetzungen im „gemeinen Deutsch" (1464). Aus den Hyronimus-Briefen: Abbildungen von Übersetzungskonzept, Reinschrift, Abschrift und Materialien zur Überlieferung. Hsg. von Erika Bauer.

LIT 23: DAS NIBELUNGENLIED. Abbildungen und Materialien zur gesamten handschriftlichen Überlieferung ausgew. Aventiuren. Hsg. von Otfried Ehrismann.

LIT 24: HARTMANN VON AUE, IWEIN. Ausgewählte Abbildungen zur handschriftlichen Überlieferung. Hsg. von Lambertus Okken.

LIT 25: CHRISTOPH MARTIN WIELAND, DAS SOMMERMÄRCHEN. Abbildungen zur Druckgeschichte.